KB049833

24시 성범죄 케어센터
- 실전편 -

자신을 지키는 방법

법무법인 동광

박영사

동광이 성범죄 분야를 전문 분야로 정하고 일을 시작한 지는 3년, '24시 성범죄 케어센터'를 발간한 지는 1년이 되었고, 그간 다양한 성범죄 사건을 위임받아 처리하였습니다.

　검사 때의 경험을 바탕으로 저와 동광을 찾아주신 의뢰인들이 억울한 결과가 나오지 않도록 최선을 다했고, 전부라고는 할 수 없지만 많은 의뢰인들로부터 감사하다는 말을 들을 수 있었습니다.

　다만 성범죄 사건을 하면 할수록 어렵다는 생각이 듭니다. 제가 처리한 사건 중에는 길을 가고 있는 여성을 상대로 범행하는 전형적인 성범죄도 있었지만, 사건의 대부분은 지인 또는 연인 간에 벌어지는 일이고, 가해자는 상대방의 동의가 있었던 것으로 알고 관계를 가진 것이라고 항변하고 피해자는 자기는 술에 취해 또는 잠이 들어 정신이 없는 상태에서 가해자가 동의도 없이 관계를 가진 것이라고 주장하여 과연 누구 말이 진실인지 저 스스로도 판단하기 어려운 경우가 많았습니다.

　의뢰인이 가해자든 피해자든 의뢰인의 말이 진실이라고 믿고 열심히 변호하여 원하는 결과를 얻으면 기쁘기도 하지만 한편으로는 상대방은 얼마나 좌절하고 있을까 하는 생각에 마음이 편하지만은 않았습니다.

성범죄 처벌 수위가 적정한지는 논란이 있지만, 계획적이고 질이 나쁜 성범죄는 엄중히 처벌해야 할 것입니다. 하지만 애매한 사안을 지금처럼 엄벌하고 성범죄자로 낙인찍는 것이 맞는지는 의문입니다.

저는 그런 고민 끝에 남녀 간의 애정 문제가 성범죄로 비화되는 것을 막는 것이 최선이라는 생각을 하였고, 사람들이 성범죄 또는 수사 과정에 대한 최소한의 법률적 지식을 갖춘다면 가해자든 피해자든 억울한 상황은 피할 수 있을 것 같아 그간의 경험을 토대로 '24시 성범죄 케어센터(박영사)'를 출간하였던 것입니다.

'24시 성범죄 케어센터(박영사)'가 처음 사건을 맞닥뜨렸을 때 알아야 하는 기초 이론에 관한 총론이었다면, 이번에 출간하는 '24시 성범죄 케어센터 - 실전편'은 어떤 행위가 범죄가 되는지 정확하게 알 수 있도록 쉽게 풀어쓴 각론에 해당합니다.

혹시라도 이런 문제로 고민하시는 분들뿐만 아니라 결혼을 전제로 하지 않은 만남이 잦은 젊은 세대들과, 항상 자녀들이 이런 일에 휘말릴 것을 염려하시는 부모님들이 미리 읽어 두시면 예방적 차원에서 조금이나마 도움이 될 것으로 기대합니다. 감사합니다.

2023. 6.

목차

01 강제추행죄 (1)
지하철 전동칸 안에서의 강제추행, 저는 정말 억울합니다.   1

법률   3

02 강제추행죄 (2)
남자끼리도 강제추행이 인정되나요?   5

법률   7

03 위력에 의한 강제추행죄
인사발령과 위력, 그리고 강제추행   9

법률   11   판례   12

04 성희롱
자꾸 다른 여자 사진을 보여주면서 제 몸매와 외모를 평가해요.   13

법률   15   상식   16

05 강간죄 (1)
데이트 앱에서 스펙을 속였어요. 강간죄로 고소 가능할까요?   17

법률   19   사례   20

06 강간죄 (2) - 특수강간

놀러가서 술을 먹고 잠이 들었는데 집단 강간을 당했어요.   21

법률   23

07 강간죄 (3) - 특수강간

야구방망이를 휘두르는데, 맞은 건 아니지만 반항할 수 없었어요.
정말 너무 무서웠습니다.   25

법률   27   판례   28

08 준강간죄

분명 동의하고 성관계까지 했는데 상대방은 기억나지 않는대요.   29

법률   31   판례   32

09 유사강간죄

사촌 오빠에게 유사강간을 당했습니다.
엄마와 이모가 너무 친해서 신고도 못하고 있어요.   33

법률   35

10 카메라등이용촬영죄 (1)

몰래 카메라로 상대방을 찍으려고 했지만, 촬영 전이었습니다.
그런데도 처벌받나요?   37

법률   40

11 **카메라등이용촬영죄(2)**

사진을 찍다가 우연히 피해자가 찍혔는데, 왜 카메라등이용촬영죄가 되나요? 41

법률 43 　　　사례 44

12 **카메라등이용촬영죄(3)**

영상을 삭제했는데도 카메라등이용촬영죄에 해당할까요? 47

법률 49 　　　판례 51

13 **아동 · 청소년 성착취물 (1)**

다운로드 받고 나서 한 번도 시청한 적은 없는데, 아청법 위반일까요? 53

법률 55 　　　상식 56

14 **아동 · 청소년 성착취물 (2)**

청소년 스스로 촬영한 영상인데 아동 · 청소년 성착취물이 되나요? 57

법률 60

15 **성매매 (1)**

돈만 주고 성관계는 안 했어요! 성매매로 처벌받을까요? 61

법률 63 　　　상식 63 　　　판례 64

16 **성매매 (2)**

성매매를 알선했는데 정말 청소년인 줄은 몰랐어요. 65

법률 67 　　　판례 68 　　　상식 69

17 통신매체이용음란죄

성인 앱에서 야한 사진을 보냈어요.
원래 그런 경우가 많은 앱인데도 통신매체이용음란죄에 해당하나요?　71

법률　73

18 공연음란죄

제 차 안에서 자위를 했는데 공연음란죄가 성립할까요?　75

법률　78　　판례　78

19 합의

술을 마셔서 정말 기억이 안 나는데, 강제추행으로 고소당했어요.
그래도 합의해야 하나요?　79

20 사과와 자백의 상관관계

미안하다고 하는데, 자백에 해당하나요?　83

부록 1

궁금함을 해소하는 Q & A　87

부록 2

동광 변호사가 설명하는 법률상식　94

• 범죄가 되는 행위, 범죄구성요건의 해석　94

• 소년사건의 의미와 절차　101

• 디지털 포렌식 조사에 대비하는 방법　105

• 새로운 형사공탁 제도　108

• 형사사건에서 합의의 의미　110

부록 3

성범죄 사건 양형기준표   112

부록 4

동광의 시선   115

01

강제추행죄 (1)

지하철 전동칸 안에서의 강제추행,

저는 정말 억울합니다.

작년 9월쯤 2호선 지하철을 타고 퇴근하는 중에, 핸드폰 게임을 하고 있었어요. 사람이 많다 보니 가방은 앞으로 메고 팔을 걸친 상태로 게임을 했는데, 그러다가 저도 모르게 옆에 있는 여성의 등에 제 손이 자꾸 스쳤나 봅니다. 그런데 여성분이 자기 브래지어가 느껴질 텐데도 계속 등을 만졌다면서 알고 그런거라고, 저를 강제추행으로 고소했어요. 검찰로 송치된다는데 일부러 그런 게 아니어도 강제추행죄가 성립하나요?

강제추행죄는 폭행이나 협박을 가한 뒤 상대방을 추행한 경우에 성립하는 범죄입니다.

피해자가 동의하지 않았는데 스킨십을 하면 추행 행위가 되고, 이때 피해자가 움직일 수 없을 정도로 강한 힘이 작용되지 않았더라도 추행 행위가 됩니다. 흔히 아는 '폭행' 개념보다 훨씬 광범위한 것으로, 이를 법원에서는 '힘의 대소강약을 불문한다'고 표현합니다.

추행은 일반인들의 시각에서 어떠한 행위가 성적 수치심이나 혐오감을 일으키게 하는 행위 전부를 말합니다.

볼에 입을 맞춘다거나 허벅지나 등을 쓰다듬는다던가, 어깨를 주무르고, 귀를 쓸어 만지는 행위, 포옹하는 행위 등 모두 상대방이 원하지 않는다면 성적 수치심을 유발하는 추행 행위들로 인정되는 것입니다.

강제추행죄에서는 '기습추행'이란 용어를 많이 사용합니다. 어떤 행동을 할 때는 당연히 몸을 움직이고 힘을 쓰게 되는데, 예를 들어 갑자기 상대방의 얼굴에 내 얼굴을 들이밀면서 비빈다면 상대방은 성적수치심을 느끼게 됩니다. 이러한 움직임 자체가 폭행 행위가 됩니다.

이처럼 '폭행 행위'가 동시에 '추행 행위'가 되는 경우에는 '기습추행'이라 하여 강제추행죄 처벌 대상이 됩니다.

강제추행죄가 '공중밀집장소' 즉, 지하철이나 버스와 같은 대중교통수단에서 일어났거나 공연을 관람하는 공연장, 전시회 공간 등 일반 사람들이 밀집하는 장소에서 발생하였다면 「성폭력범죄의 처벌 등에 관한 특례법」상 '공중 밀집 장소에서의 추행죄'가 성립할 수 있습니다.

'공중 밀집 장소에서의 추행죄'는 법원이 유죄로 확정된 사람의 신상정보를 등록하도록 결정할 수 있는 범죄이므로 정말 주의하셔야 합니다.

이 사안에서는 나도 모르게 한 행동이라고 주장할 수 있습니다('고의'를 부정한다고 합니다). 해당 주장이 인정되면 우연히 접촉한 행위에 불과하므로 처벌받지 않게 됩니다. 문제는 '고의'가 없다는 것은 결국 행위자의 내심의 의사에 관한 것이고 이것을 증명해야 하기 때문에 매우 어려울 수 있습니다.

사람들이 밀집되어 있던 정도, 피해자의 진술, CCTV나 참고인 진술에 따라 정말 질문자가 평범하게 서 있는 모습이 확인될 때 처벌받지 않을 수 있습니다.

법 조항을 알아보자

성폭력범죄의 처벌 등에 관한 특례법

제11조(공중 밀집 장소에서의 추행) 대중교통수단, 공연·집회 장소, 그 밖에 공중(公衆)이 밀집하는 장소에서 사람을 추행한 사람은 3년 이하의 징역 또는 3천만 원 이하의 벌금에 처한다

02

강제추행죄 (2)

남자끼리도 강제추행이 인정되나요?

저는 헬스트레이너입니다. 같은 트레이너 동료이고 친한 동생인데, 같은 남자이기도 합니다. 그런 친구가 이번 사건 고소인이에요. 코로나 격리 끝나고 돌아가니 동생이 몸이 더 좋아진 것 같아서 가슴이랑 엉덩이를 툭툭 치면서 왜 이렇게 관리를 잘했냐면서 감탄했어요. 그런데 보름쯤 지나서 저를 강제추행으로 고소했습니다.

강제추행은 '사람'을 추행한 경우 성립하는 범죄입니다.

따라서 강제 추행의 피해자는 여성에만 국한되는 것이 아니고, 동성 간에도 성립할 수 있습니다. 아울러 부부관계, 연인관계에서도 강제추행이 성립할 수 있는데, 최근 혼인관계가 실질적으로 유지되고 있는 경우에도 남편이 폭행 또는 협박으로 아내를 추행했다면 강제추행죄가 성립한다고 판단한 하급심 판결이 있습니다. 성인지 감수성이 높아지면서 부부 사이가 원만하다 할지라도 함부로 상대방의 성적 자기결정권을 침해하는 것은 엄격하게 금지해야 한다고 판단한 것입니다.

동성인 경우도 성립합니다.

동성 간의 강제추행은 이성 간의 추행보다 '성적 수치심'이나 '성적 혐오감'을 덜 느낄 수 있습니다. 그렇다고 하여 수치심을 느끼지 않는 것은 아니며, 법률에서도 '사람'을 추행하면 성립한다고 규정하여 동성 간에도 얼마든지 성범죄가 성립할 수 있습니다.

회사 동료 남성이나, 군대 동기를 추행한 사건들을 변호할 때는 변론 방향에 대하여 많은 고민을 하게 됩니다. 일반적으로 동성 간에는 짓궂은 장난처럼 신체를 치거나 만지는 경우가 많기 때문입니다.

민감하게 여길 수 있는 신체 부위를 만질 만큼 친분이 있거나 평소에도 그런 행동을 장난 정도로 여길 만큼 쌍방이 자연스럽게 해왔다는 점을 주장하거나 주변 참고인의 진술을 확보할 필요가 있습니다.

또한 성범죄는 고소인이 '왜 고소하는지' 그 동기에 대해서도 주목해야 합니다.

수사기관은 기본적으로 고소인이 무고죄를 감수하면서까지 거짓말로 고소하지 않았고 실제 추행이 있었을 것이란 가정하에 수사를 시작하는 경향이 있습니다. 따라서, 고소인이 피의자에게 부정적인 감정이 있는지, 그러한 감정을 유발하는 상황이 존재하는지도 중점적으로 살펴봐야 할 것입니다.

이 사안은 피해자가 피해를 적극적으로 호소한 점과 피해가 발생한 신체 부위에 비추어 강제추행죄가 성립할 가능성이 높습니다.

법 조항을 알아보자

형법

제298조(강제추행) 폭행 또는 협박으로 사람에 대하여 추행을 한 자는 10년 이하의 징역 또는 1천500만 원 이하의 벌금에 처한다.

03

위력에 의한 강제추행죄

인사발령과 위력, 그리고 강제추행

업무상 위력에 의한 강제추행은 「성폭력범죄의 처벌 등에 관한 특례법」에 규정되어 있습니다. 무려 3년 이하의 징역 또는 1천500만 원 이하의 벌금에 처하는 중대범죄입니다.

이 범죄는 '업무상', '위력' 그리고 '강제추행' 이라는 세 가지 요소가 결합하였을 때 성립합니다.

우선 '업무상'이란 관계는 [업무, 고용이나 그 밖의 관계로 인하여 자기의 보호, 감독을 받는 사람]인지 기준으로 구체적인 사실관계를 토대로 결정됩니다.

직장 안에서 보호 또는 감독을 받거나 사실상 보호 또는 감독을 받는 상황에 있는 사람뿐만 아니라 그러한 감독 관계가 형성되기 전에 채용 절차에서 영향력을 행사할 수 있는 범위 안에 있는 사람도 포함합니다.

위력은 피해자의 자유의사를 제압하기에 충분한 힘을 말합니다.

형사 사건에서 빈번히 등장하는 '위력'이란 개념은 가장 기본적으로는 물리력, 즉, 폭력과 같은 물리적인 힘을 의미하고 나아가 사회적, 경제적, 정치적으로 우월적인 지위 등을 이용하는 것도 '위력'에 해당합니다.

업무상 위력에 의한 강제추행이 회사와 같은 조직에서 특히 문제되는 이유도 바로 '위력'의 의미를 사전적 의미보다 넓게 파악해서입니다.

직장 상사, 고용주, 사업주와 같은 사람들은 하급자, 피고용인 등에게 급여를 지급하거나(경제적으로 우월) 인사 고과에 영향력(사회적, 정치적으로 우월)을 행사할 수 있고, 이는 상대방의 의사를 제압하는 데 물리적인 힘보다 더 효과적일 때도 있기 때문입니다.

실제로 상대방이 자유의사를 가지고 행동할 수 없었는지, 즉, '실제로 의사가 제압되었는지'는 중요하지 않습니다.

행위자의 지위, 피해자의 연령, 관계 등을 종합적으로 고려하고 강제추행에 해당하는 유형력의 내용과 정도를 고려해서 〈업무상〉 〈위력을 행사할 수 있는 지위〉에 있는 사람이 〈추행〉을 했다면 성립합니다.

이 사안에서는 주변에 사람이 많이 있었고, 또 그렇게 인사하는 것이 관행적으로 이루어진 사실 등이 입증된다면 '고의'가 없다고 보아 처벌받지 않을 수 있습니다.

법 조항을 알아보자

성폭력범죄의 처벌 등에 관한 특례법
제10조(업무상 위력 등에 의한 추행) ① 업무, 고용이나 그 밖의 관계로 인하여 자기의 보호, 감독을 받는 사람에 대하여 위계 또는 위력으로 추행한 사람은 3년 이하의 징역 또는 1천500만 원 이하의 벌금에 처한다

업무상위력에 의한 강제추행, 실제 사건은 이렇다

편의점 업주인 피고인이 아르바이트 구인 광고를 보고 연락한 피해자를 채용을 빌미로 불러내 면접하였습니다. 이후 피고인은 자기 집으로 유인하여 피해자의 성기를 만지고 피해자에게 피고인의 성기를 만지게 하였습니다.

피고인이 피해자를 정식으로 채용하기 전이기 때문에 '업무적인 관계'가 형성되었다고 보기 어려워 보이지만 실질적으로 피고인은 정식으로 채용할 권한을 가지고 있었기 때문에 그런 지위를 이용하여 편의점에 취업하려는 피해자의 자유의사를 제압하였다고 보고 유죄가 선고된 사건입니다.

04

성희롱

자꾸 다른 여자 사진을 보여주면서

제 몸매와 외모를 평가해요.

    성희롱이란 상대방 의사와 관계없이 성적으로 수치심을 안겨주는 말이나 행위를 의미합니다. 성범죄, 즉 강간이나 강제추행과 같은 범죄들을 포괄하는 매우 큰 개념입니다.

    수사기관은 형벌로 다스릴 수 있는 '범죄'를 수사하는 기관이므로, 법률에 규정된 성범죄가 아니면 수사 대상이 되지 않아서 성범죄가 아닌 성희롱에 대해서 어떻게 다스려야 하는지 많은 논의가 있었습니다.

    「남녀고용평등과 일·가정 양립 지원에 관한 법률」에서는 사업주에게 직장 내 성희롱을 예방하고 근로자가 안전한 근로환경을 일할 수 있는 여건을 조성하기 위해서 직장 내 성희롱의 예방을 위한 교육을 매년 실시하도록 하고 있습니다.

    이후 직장 내 성희롱이 발생한다면 직장 내에서 필요한 조치를 하도록 법률에 규정하고 있습니다. 예를 들어 가해자에게는 징계, 근무장소 변경 등을 명하고, 피해자에게는 피해자 요청에 따라 근무장소를 바꾸거나 유급 휴가 등을 제공하여야 합니다.

만일 피해자가 신고하였다는 이유로 불이익한 조치를 받는다면, 어떠한 형태든 사업주가 이를 예방하고 저지하게 되어있습니다. 사업주가 피해자에게 불리한 조치 등을 하였다면 사업주는 3년 이하의 징역 또는 3천만 원 이하의 벌금에 처하기 때문에 피해자는 사업주의 그런 행위를 신고할 수 있는데요. 이때 피해자는 성희롱한 가해자가 아닌 '사업주'를 상대로 불리한 처우를 한 것에 대한 신고를 할 수 있다는 점을 유의하시기를 바랍니다.

이 사안을 살펴보면 결국 언어적 성희롱 행위로는 볼 수 있어도, 성희롱보다 심각한 수준의 '성적 수치심'을 주는 표현이 아니라서 통신매체이용음란죄로 신고하기는 어려워 보입니다.

🔍 ── 법 조항을 알아보자 ──

남녀고용평등과 일·가정 양립 지원에 관한 법률
제13조(직장 내 성희롱 예방 교육 등)

① 사업주는 직장 내 성희롱을 예방하고 근로자가 안전한 근로환경에서 일할 수 있는 여건을 조성하기 위하여 직장 내 성희롱의 예방을 위한 교육(이하 '성희롱 예방 교육'이라 한다)을 매년 실시하여야 한다.

② 사업주 및 근로자는 제1항에 따른 성희롱 예방 교육을 받아야 한다.

③ 사업주는 성희롱 예방 교육의 내용을 근로자가 자유롭게 열람할 수 있는 장소에 항상 게시하거나 갖추어 두어 근로자에게 널리 알려야 한다.

④ 사업주는 고용노동부령으로 정하는 기준에 따라 직장 내 성희롱 예방 및 금지를 위한 조치를 하여야 한다.

⑤ 제1항 및 제2항에 따른 성희롱 예방 교육의 내용·방법 및 횟수 등에 관하여 필요한 사항은 대통령령으로 정한다.

법률상식

5대 법정 의무교육이란?

산업안전보건교육, 직장 내 성희롱예방교육, 개인정보보호교육, 직장 내 장애
인 인식개선교육, 퇴직연금교육 등 관련 법에 따라서 기업에서 필수적으로 받
아야 하는 교육을 말하고 그중에서도 직장 내 성희롱 예방교육은 근로자가 있
는 경우, 예를 들어 근로자가 1명일지라도 반드시 실행해야 하는 교육입니다.

05

강간죄 (1)

데이트 앱에서 **스펙을 속였어요.**

강간죄로 고소 가능할까요?

저는 평범한 공무원입니다. 내성적인 성격 탓에 사람 사귀기가 어려워 데이트 앱을 써보기로 했어요. 여러 사람과 대화하였고 그중에서 태도도 점잖고, 서로 대화가 잘 통하는 한 남성과 더 깊은 대화까지 나누었습니다. 특히 이 남성은 자신을 공무원이라고 소개하였는데 저와 직업도 비슷하고 공통 고민거리도 있다보니 쉽게 가까워졌고 실제 만남까지 이루어졌습니다. 서로 사귀기로 하고 성관계까지 하였는데, 이후 알고 보니 이 사람 공무원이 아니었을 뿐만 아니라 아예 직장이 없더라고요. 공무원인 형을 보고 이야기를 지어낸 것이었어요. 사람에 대한 믿음이 산산조각이 나서 앞으로 사람 만나는 데 더 큰 두려움이 생겨 버렸습니다. 이런 사람은 강간죄로 고소할 수 없나요.

만약 상대방이 공무원이 아니고 백수란 것을 알았으면 연인 관계로 발전하지 않았을뿐더러 성관계까지 가는 일도 없었을 것이므로, 질문자 입장에서는 많이 답답하고 속상할 것입니다. 그래서 강간죄를 비롯한 여러 혐의로 상대방을 고소할 수는 없을까 고민했을 것입니다. 그러나 강간죄는 폭행 또는 협박으로 사람을 강간한 경우에 성립한다는 점을 다시 한번 생각해볼 필요가 있습니다.

폭행이나 협박은 여러 범죄마다 달리 해석되는데 폭행죄에서의 폭행과 강간죄에서의 폭행은 사뭇 다릅니다. 판례는 강간죄에서의 폭행이나 협박은 피해자가 항거불능, 즉 피해자가 반항할 수 없을 만큼, 꼼짝 못 하게 만든 상황에 이를 정도에 이르러야 한다고 보고 있습니다.

그리고 폭행·협박이 피해자의 항거를 불가능하게 하거나 현저히 곤란하게 할 정도의 것이었는지 여부는 그 폭행·협박의 내용과 정도는 물론, 유형력을 행사하게 된 경위, 피해자와의 관계, 성교 당시와 그 후의 정황 등 모든 사정을 종합하여 판단하여야 한다고 판시하고 있습니다(대법원 2007. 1. 25. 선고 2006도5979 판결 등 참조). 특히 실무상 연인 간 성관계에 있어서 폭행이나 협박은 조금 더 엄격하게 판단하는 경향이 있습니다.

상대방을 강간죄로 고소하고 싶어 하는 이 사례의 주인공이 고소하려면 상대방이 큰 거짓말을 한 것과 별개로 두 사람이 성관계할 때 '폭행'이나 '협박'이 있었는지 살펴보아야 합니다.

반항을 불가능하게 만드는 폭행이나 협박이 있었던 것이 아니고, 자신의 조건 등을 속여서 성관계를 가졌다면 그 사실로 강간죄가 성립하는 것은 아니므로 믿음이 깨졌다는 이유만으로는 강간죄로 고소할 수 없습니다.

법 조항을 알아보자

형법

제297조(강간) 폭행 또는 협박으로 사람을 강간한 자는 3년 이상의 유기징역에 처한다.

사안

의뢰인 A는 B와 결혼을 앞둔 예비 신부였습니다. A는 회사 동료 C와 C의 남자친구인 D와 술을 마셨는데, 미처 B에게 그 사실을 알리지 않았습니다. A는 많이 취하였고 B를 불러 B가 거주하는 주거지로 귀가하였습니다. 그러나 B는 A와 D의 사이를 오해하였고 크게 화가 나 A의 얼굴, 팔, 다리 전체를 폭행하였습니다. A는 과음하기도 했고 B의 무차별적인 폭행에 정신을 잃었고 다음 날 일어나 만신창이가 된 자신을 발견하였습니다. A는 B 몰래 B의 집에서 나오려고 하였으나 B가 깼고 B는 A를 눕히고 강제로 성기를 삽입하려고 했습니다. A는 크게 저항하려고 하였으니 전날의 폭행으로 저항의지를 쉽게 상실하였고 B로부터 간음을 피할 수 없었습니다.

24시 성범죄 케어센터의 해결

B는 평소 A와 다툰 이후 성관계를 맺으며 화해하였다면서 강간의 고의가 없다고 주장하였으나, A가 명백히 성관계 거부 의사를 표현한 점, 전날부터 이어진 폭행 상황으로 인하여 약간의 유형력 행사로도 A를 항거불능 상태에 놓일 수도 있다는 점, 실제로 B는 A의 허벅지를 세게 눌러 상처를 입힌 점 등을 주장하여 결국 B를 강간죄로 처벌받을 수 있게 하였습니다.

06

강간죄 (2) – 특수강간

놀러가서 **술을 먹고 잠이 들었는데**

집단 강간을 당했어요.

저는 대학교 1학년으로 아는 동아리 선배들이 술을 마시자고 하여 다같이 어울려서 술자리를 가졌습니다. 다들 주거니 받거니 하는 분위기였는데, 특히 저한테 술을 많이 권하더라고요. 별생각 없이 권하는 술을 마셨는데 정신 차려 보니 3명한테 강간을 당한 상태였습니다. 저는 이제 어떻게 해야 하나요? 너무 수치스러운데, 술을 마신 제 잘못인가요? 정말 죽고 싶습니다.

특수강간, 특수상해, 특수폭행, 특수감금, 특수협박, 특수공무방해 등 형사 범죄 중에는 '특수'라는 용어가 붙는 범죄가 있습니다. 이는 ① 단체 또는 다중의 위력을 보이거나 2명 이상이 합동하여 또는 ② 위험한 물건을 휴대한 상태에서 범죄를 저질렀을 때 성립합니다.

① 과 ② 요건을 모두 갖출 필요는 없고, 둘 중 하나만 인정되면 특수범죄가 성립합니다. 이 사건의 경우 성폭력처벌법 제4조의 '2명 이상이 합동하여' 강간의 죄를 저질렀는지가 문제가 된 사건입니다.

판례는 성폭력처벌법 제정 전 동일한 죄를 구성하고 있는 '성폭력범죄의처벌및피해자보호등에관한법률'에 관하여 다음과 같이 판시하였습니다.

「성폭력범죄의처벌및피해자보호등에관한법률 제6조 제1항의 2인 이상이 합동하여 형법 제297조의 죄를 범한 경우에 특수강간죄가 성립하기 위하여는 주관적 요건으로서의 공모와 객관적 요건으로서의 실행행위의 분담이 있어야 하는데, 그 공모는 법률상 어떠한 정형을 요구하는 것이 아니어서 공범자 상호 간에 직접 또는 간접으로 범죄의 공동가공의사가 암묵리에 서로 상통하여도 되고, 사전에 반드시 어떠한 모의 과정이 있어야 하는 것도 아니어서 범의 내용에 대하여 포괄적 또는 개별적인 의사연락이나 인식이 있었다면 공모관계가 성립하며, 그 실행행위는 시간적으로나 장소적으로 협동관계에 있다고 볼 수 있는 사정에 있으면 된다.」(대법원 1996. 7. 12. 선고 95도2655 판결).

위 법리에 따르면 이 사건의 경우 동아리 선배들은 공동으로 상호간 질문자에게 술을 강권하는 등 질문자를 심신미약의 상태로 만들었고 이는 세 사람의 암묵적 승인에 의하여 이루어진 것으로 보입니다. 또한 시간적으로나 장소적으로나 세 사람은 한 장소에 있었으므로 넉넉히 합동범의 관계가 인정됩니다.

특수범죄는 일반범죄보다 죄질을 훨씬 더 나쁘게 보아서 중하게 처벌합니다. 일반적인 강간죄는 3년 이상의 유기징역에 처하지만 특수강간은 무기징역 또는 7년 이상의 징역에 처합니다.

법 조항을 알아보자

성폭력범죄의 처벌 등에 관한 특례법

제4조(특수강간 등)

① 흉기나 그 밖의 위험한 물건을 지닌 채 또는 2명 이상이 합동하여 「형법」 제297조(강간)의 죄를 범한 사람은 무기징역 또는 7년 이상의 징역에 처한다.

② 제1항의 방법으로 「형법」 제298조(강제추행)의 죄를 범한 사람은 5년 이상의 유기징역에 처한다.

③ 제1항의 방법으로 「형법」 제299조(준강간, 준강제추행)의 죄를 범한 사람은 제1항 또는 제2항의 예에 따라 처벌한다.

07

강간죄 (3) - 특수강간

야구방망이를 휘두르는데, 맞은 건 아니지만
반항할 수 없었어요. 정말 너무 무서웠습니다.

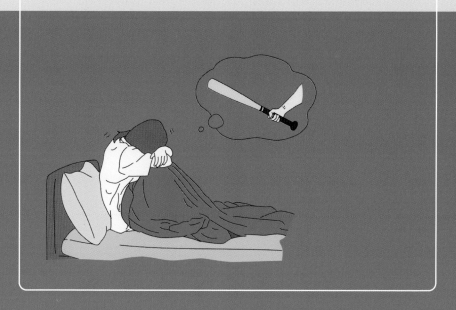

Q 🔍

회식 후에 술에 취한 것 같아 동료를 데려다준 여성분이 있었습니다. 방까지
만 데려다 달라고 해서 데려다주었더니 갑자기 그 남자 동료는 멀쩡한 모습
으로 침대 옆에 있던 야구방망이를 휘두르면서 옷을 벗고 누우라고 협박했고,
그렇게 강간을 당한 사건입니다.

형사법상 '특수'의 개념 중 '위험한 물건을 휴대'한다는 요건을 설
명하겠습니다.

법적으로 위험한 물건은 칼이나 총과 같은 흉기보다 더 큰 개념으
로서 상대방이나 제3자가 생명 또는 신체에 위험을 느낄 만큼의 살
상력을 가졌는지를 기준으로 판단합니다.

살상용으로 제작된 물건이 아닌데 그런 목적을 가지고 사용한다면
충분히 살상의 위험을 느낄 수 있는 물건이 바로 위험한 물건입니다.

예를 들어 법원이 위험한 물건이라고 인정한 물건으로는 당구 큐
대, 의자, 맥주병, 휴대폰, 여성의 하이힐 등이 있고 자동차도 위험한
물건에 해당합니다.

한편 '휴대'한다는 의미는 일반인들이 생각하는 것과 다르게 해석
되는 개념으로, 반드시 몸에 지니고 다니는 것만을 뜻하진 않습니다.

법률적으로 '휴대'란 범행 현장에서 범행에 사용할 의도를 가지고
그 위험한 물건을 몸이나 몸 가까이에 소지하는 것을 의미합니다.

사무실에서 싸움이 발생해 폭행 사건으로 발전했는데, 당시 가해
자와 피해자가 모두 의자에 앉아 있던 상황이라고 가정해보겠습니
다. 가해자가 의자에 앉아 있었다는 이유만으로 의자가 위험한 물건
이니까 특수폭행죄로 여겨질까요? 답은 No!입니다.

그런데 같은 상황에서 가해자가 화가 나 의자를 집어 올리려고 하거나 정말 집어 올려 휘둘렀다면 특수폭행죄가 성립할까요? 답은 Yes!입니다.

위 두 가지 예시에서 무슨 차이가 있는지 구별할 수 있으실까요?

'의자'는 견고한 재질로 이루어지기 때문에 의자를 휘두른다면 상대방이나 제3자가 크게 다칠 위험이 있어 '위험한 물건'에 해당합니다.

다만 예시들을 비교해보면, 첫 번째 가해자는 그저 의자에 앉아 있을 뿐 '범행'에 사용하기 위하여 의자를 가까이에 둔 것이 아니므로 '휴대'의 요건을 구성하지 않습니다. 반면, 두 번째 가해자는 직접적으로 의자를 폭행 범행에 사용하려고 집어 올리려고 하였거나 몸 근처에 놔둔 것이기 때문에 '휴대'하였다고 볼 수 있습니다.

이같이 특수강간 중 위험한 물건을 휴대하였다고 혐의를 받는 경우에는 구체적인 사실관계를 면밀히 살펴봐야 합니다.

법 조항을 알아보자

성폭력범죄의 처벌 등에 관한 특례법

제4조(특수강간 등)

① 흉기나 그 밖의 위험한 물건을 지닌 채 또는 2명 이상이 합동하여 「형법」 제297조(강간)의 죄를 범한 사람은 무기징역 또는 7년 이상의 징역에 처한다.

② 제1항의 방법으로 「형법」 제298조(강제추행)의 죄를 범한 사람은 5년 이상의 유기징역에 처한다.

③ 제1항의 방법으로 「형법」 제299조(준강간, 준강제추행)의 죄를 범한 사람은 제1항 또는 제2항의 예에 따라 처벌한다.

뜨거운 떡국이 담긴 그릇은 위험한 물건일까?

교도소에 수용 중인 피고인이 아침 식사인 떡국을 나눠주는 피해자 갑에게 "왜 나한테 반말하느냐?"고 시비를 걸면서 수용실 앞에 서 있던 갑에게 수용실 내 배식구를 통해 **위험한 물건인 '뜨거운 떡국이 담긴 그릇'**을 집어 던져 상해를 가하였다고 하여 **특수상해로 기소된 사안**입니다.

위 교도소에서는 통상적으로 06:00경 아침 준비를 마치고 국은 즉시 스테인리스 재질의 보관 통에 옮겨 담아 뚜껑을 닫은 상태로 보관하다가 07:00경 각 수용동에 음식물을 전달하여 배식하고 있어, 교도소 측에서 국의 보온을 위해 신경을 기울이더라도 경험칙상 식사 준비 종료 시부터 배식 때까지 상당한 시간이 경과하여 그사이에 온도가 상당히 낮아질 것이므로, 피고인이 던진 떡국이 끓인 직후의 것과 동일한 위험성을 갖는다고 볼 수 없는 점, 갑의 제1심 증언 내용에 비추어 배식 당시 국물의 온도가 신체에 접촉하는 즉시 화상을 입을 정도의 고온으로 보이지 않는 점, 피고인이 그릇에 담긴 떡국을 갑에게 직접적으로 끼얹거나 뿌린 것이 아니라, 수용실 내에서 배식구를 통해 떡국이 담긴 그릇을 집어 던져 떡국 일부가 갑의 신체 일부에 닿았고, 그 신체 부위는 얼굴과 같이 화상으로 인한 후유증이 큰 부위가 아닌 오른쪽 손목과 양쪽 다리 정강이인 점, 갑이 떡국에 맞고 열감이나 통증을 호소하여 연고를 바르고 환부에 얼음찜질하는 치료는 받았으나, 교도소 부속의원 소속 의사로부터 '경도 화상'의 진단만을 받고 연고를 지급받아 일주일 동안 환부에 발랐을 뿐 다른 추가적인 치료나 처방을 받지 않았으며, 이로 인하여 갑의 피부 외피가 벗겨지거나 흉터가 남지는 않은 점을 종합하면, 피고인이 던진 '떡국이 담긴 그릇'은 갑이나 제3자가 생명 또는 신체에 위험을 느낄 수 있는 위험한 물건에 해당하지 않으므로 특수상해죄는 성립하지 않는다고 보았습니다.

08

준강간죄

분명 동의하고 성관계까지 했는데
상대방은 기억나지 않는대요.

사람의 '심신상실', '항거불능 상태'를 이용하여 상대방을 간음한 자는 준강간죄가 성립합니다.

피해자가 성관계에 동의를 표시하는 것조차 어려운 상태에 있고 가해자가 이를 알면서도 이용한다면, 상대방의 동의 없이 폭행이나 협박으로 간음하는 '강간'과 다를 바 없다고 보는 것입니다.

그래서 준강간죄는 강간죄와 동일하게 '3년 이상의 유기징역'의 형벌에 처하게 됩니다. 벌금형을 선고할 수 있도록 규정한 내용이 아예 없기 때문에 범죄의 중대성이 쉽게 인정되고, 수사단계에서 구속까지 될 가능성까지 커집니다. 따라서 준강간죄는 강간죄만큼이나 위험한 범죄로 유의할 필요가 있습니다.

준강간죄가 빈번하게 문제 되는 것은 술을 마신 뒤 성관계를 가졌을 때입니다. 술을 마시면 소위 필름이 끊기는 경우가 흔하게 발생하는데요. 의학적 개념으로는 '알코올 블랙아웃(alcohol blackout)'이라고 하며, 단기간 폭음으로 알코올 혈중농도가 급격히 올라가 행위자가 일정한 시점에 진행되었던 사실에 대한 기억을 상실하는 것을 말합니다.

문제는 '블랙아웃(blackout)' 상태에 빠진 피해자는 사건 당시 정상적으로 대화하고 스스로 움직이는 등의 모습을 보인다는 것입니다.

　그래서 제3자가 피해자를 볼 때는 '심신상실' 상태에 빠져 있다는 점을 알아차리기 어렵고, 범죄 성립은 행위자의 의도가 중요하므로 '블랙아웃'에 있는 피해자는 '심신상실'되었다고 보지 않습니다.

　피해자가 알코올에 취해 당시 상황이 기억나지 않는다는 이유로 상대방을 형사처벌한다면 범죄를 저지를 생각이 없는 사람을 처벌하는 가혹한 결과가 나올 수 있습니다.

　그래서 "피해자가 사건 당시 심신상실 상태가 아니라 단지 기억을 못 할 뿐이다"라는 쟁점을 다투면 피해자의 당시 음주량과 음주 속도, 경과한 시간, 평소 주량 등을 면밀하게 살펴 판단합니다.

　이번 사건에서는 CCTV 영상에서 피해자가 아무런 부축도 받지 않고 스스로 모텔에 들어간 점, 비용 결제를 피해자가 한 점, 피해자가 말하지 않았으면 알 수 없는 이야기를 피의자가 진술했으나 피해자는 전혀 기억하지 못하는 점 등을 적극적으로 변론하여 준강간 혐의를 벗을 수 있었습니다.

법 조항을 알아보자

형법
제299조(준강간, 준강제추행) 사람의 심신상실 또는 항거불능의 상태를 이용하여 간음 또는 추행을 한 자는 제297조, 제297조의2 및 제298조의 예에 의한다.

블랙아웃(Black out)과 패싱아웃(Passing out), 범죄의 인정은 어떻게?

준강간죄에서 '심신상실'이란 정신기능의 장애로 인하여 성적 행위에 대한 정상적인 판단능력이 없는 상태를 의미하고, '항거불능'이란 심신상실 이외의 원인으로 심리적 또는 물리적으로 반항이 절대적으로 불가능하거나 현저히 곤란한 경우를 의미합니다.

피해자가 깊은 잠에 빠져 있거나 술·약물 등에 의해 일시적으로 의식을 잃은 상태 또는 완전히 의식을 잃지는 않았더라도 그와 같은 사유로 정상적인 판단능력과 대응·조절능력을 행사할 수 없는 상태에 있었다면 준강간죄에서의 심신상실 또는 항거불능 상태에 해당합니다.

의학적 개념으로서의 '알코올 블랙아웃(alcohol blackout)'은 중증도 이상의 알코올 혈중농도, 특히 단기간 폭음으로 알코올 혈중농도가 급격히 올라간 경우 그 알코올 성분이 외부 자극에 대하여 기록하고 해석하는 인코딩 과정(기억형성에 관여하는 뇌의 특정 기능)에 영향을 미침으로써 행위자가 일정한 시점에 진행되었던 사실에 대한 기억을 상실하는 것을 말합니다.

알코올 블랙아웃은 인코딩 손상의 정도에 따라 단편적인 블랙아웃과 전면적인 블랙아웃을 모두 포함합니다. 그러나 알코올의 심각한 독성화와 전형적으로 결부된 형태로서의 의식상실의 상태, 즉 알코올의 최면진정작용으로 인하여 수면에 빠지는 의식상실(passing out)과 구별되는 개념입니다.

음주 후 준강간을 당하였음을 호소한 피해자의 경우, 범행 당시 알코올이 위의 기억형성의 실패만을 야기한 알코올 블랙아웃 상태였다면 피해자는 기억장애 외에 인지기능이나 의식 상태의 장애에 이르렀다고 인정하기 어렵지만, 피해자가 술에 취해 수면상태에 빠지는 등 의식을 상실한 패싱아웃 상태였다면 심신상실의 상태에 있었음을 인정할 수 있습니다.

09

유사강간죄

사촌 오빠에게 유사강간을 당했습니다.
엄마와 이모가 너무 친해서 신고도 못하고 있어요.

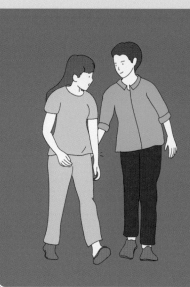

제가 어렸을 때부터 저희 집과 이모네는 가까운 위치에 있었고, 여름 방학마다 항상 같이 놀러가고 그랬어요. 그런데 언젠가 사촌 오빠가 제 허벅다리 쪽을 만지기 시작하더니 얼마 전에는 제 가슴을 만지기까지 하였습니다. 최근에는 자려는데 몰래 다가와 제 성기 안으로 손가락을 넣었습니다. 너무 화가 나서 오빠에게 소리를 질렀는데 아무것도 모르는 엄마랑 이모는 저를 엄청나게 혼냈어요. 엄마한테 털어놓고 싶은데, 아빠랑 이혼하고 엄마 혼자 저를 키우면서 이모네 가족들에게 많은 도움을 받아서 말하면 엄마가 너무 힘들어질 것 같아요.

유사강간죄는 가해자가 피해자의 성기를 제외한 다른 신체부위에 가해자의 성기를 삽입하거나, 혹은 피해자의 성기에 가해자의 성기 외에 다른 신체부위나 물건 등을 삽입할 때 성립합니다.

성기와 성기 간의 결합인 '강간죄'와 다른 양상을 띠지만 강간과 닮은 행위이기 때문에 유사강간이라고 이름을 붙인 것입니다.

과거에는 물건을 삽입하는 등의 행위는 강간으로 처벌하지 못하고 강제추행으로 처벌할 뿐이었는데 2013년부터 유사강간죄를 도입하여 처벌하고 있습니다.

Q 공소시효 적용이 안 되나요?

이번 사건은 의뢰인이 성년이 되어서야 사촌 오빠를 고소할 결심을 하고 동광을 찾아왔습니다. 그런데 범죄 행위 시점과 고소 시점 차이가 크게 나면 공소시효를 생각해봐야 합니다.

공소시효는 말 그대로 검사가 기소할 수 있는 기간으로, 지나치게 오래된 사건인 경우 증거가 변질되거나 피해자의 분노 감정이 다소 줄어들 수 있습니다. 이러한 점을 고려하여 일정 기간이 지나면 형벌권이 소멸하는 제도가 '공소시효'입니다.

다만 아동·청소년을 대상으로 한 성범죄의 경우, 피해자인 아동·청소년은 범죄피해 당시 사리 판단이 미숙할 수밖에 없어서 그 행위가 범죄인지, 어떻게 도움을 요청할지 알기 어렵습니다.

그래서 아동·청소년 대상 성범죄는 피해자가 성년이 되었을 때를 기준으로 공소시효가 시작됩니다. 또한 피해자의 피해 당시 나이가 13세가 되지 않았다면 아예 공소시효 자체를 적용하지 않도록 특례를 적용하고 있습니다.

🔖 법 조항을 알아보자

형법

아동·청소년의 성보호에 관한 법률

제7조(아동·청소년에 대한 강간·강제추행 등)

① 폭행 또는 협박으로 아동·청소년을 강간한 사람은 무기징역 또는 5년 이상의 유기징역에 처한다.

② 아동·청소년에 대하여 폭행이나 협박으로 다음 각 호의 어느 하나에 해당하는 행위를 한 자는 5년 이상의 유기징역에 처한다.

   1. 구강·항문 등 신체(성기는 제외한다)의 내부에 성기를 넣는 행위

   2. 성기·항문에 손가락 등 신체(성기는 제외한다)의 일부나 도구를 넣는 행위

③ 아동·청소년에 대하여 「형법」 제298조의 죄를 범한 자는 2년 이상의 유기징역 또는 1천만 원 이상 3천만 원 이하의 벌금에 처한다.

④ 아동·청소년에 대하여 「형법」 제299조의 죄를 범한 자는 제1항부터 제

3항까지의 예에 따른다.

⑤ 위계(僞計) 또는 위력으로써 아동·청소년을 간음하거나 아동·청소년을 추행한 자는 제1항부터 제3항까지의 예에 따른다.

⑥ 제1항부터 제5항까지의 미수범은 처벌한다.

제20조(공소시효에 관한 특례) ① 아동·청소년대상 성범죄의 공소시효는 「형사소송법」 제252조제1항에도 불구하고 해당 성범죄로 피해를 당한 아동·청소년이 성년에 달한 날부터 진행한다.

② 제7조의 죄는 디엔에이(DNA)증거 등 그 죄를 증명할 수 있는 과학적인 증거가 있는 때에는 공소시효가 10년 연장된다.

③ 13세 미만의 사람 및 신체적인 또는 정신적인 장애가 있는 사람에 대하여 다음 각 호의 죄를 범한 경우에는 제1항과 제2항에도 불구하고 「형사소송법」 제249조부터 제253조까지 및 「군사법원법」 제291조부터 제295조까지에 규정된 공소시효를 적용하지 아니한다.

1. 「형법」 제297조(강간), 제298조(강제추행), 제299조(준강간, 준강제추행), 제301조(강간등 상해·치상), 제301조의2(강간등 살인·치사) 또는 제305조(미성년자에 대한 간음, 추행)의 죄

2. 제9조 및 제10조의 죄

3. 「성폭력범죄의 처벌 등에 관한 특례법」 제6조제2항, 제7조제2항·제5항, 제8조, 제9조의 죄

④ 다음 각 호의 죄를 범한 경우에는 제1항과 제2항에도 불구하고 「형사소송법」 제249조부터 제253조까지 및 「군사법원법」 제291조부터 제295조까지에 규정된 공소시효를 적용하지 아니한다.

1. 「형법」 제301조의2(강간등 살인·치사)의 죄(강간등 살인에 한정한다)

2. 제10조제1항 및 제11조제1항의 죄

3. 「성폭력범죄의 처벌 등에 관한 특례법」 제9조제1항의 죄

10

카메라등이용촬영죄 (1)

몰래 카메라로 상대방을 찍으려고 했지만,

촬영 전이었습니다. 그런데도 처벌받나요?

저도 왜 그랬는지 지금은 미쳤다고 생각하지만, 너무 궁금한 마음에 제가 운영하는 필라테스 남자 탈의실에 몰래 카메라를 설치하려고 들어갔어요. 그런데 아직 탈의실 안에 남성 회원님이 계셨고 그 자리에서 잡혀 경찰서에 신고당했습니다. 그런데 카메라 설치하기도 전에 잡힌 건데 이것도 처벌받나요?

카메라등이용촬영죄는 '몰카범죄'라 하여 빈번하게 발생하고 있는 범죄입니다. 스마트폰 카메라가 소형화 하고 사진을 찍는 것이 일상화되면서 이런 추세가 가속화 되고 있습니다.

카메라등이용촬영죄는 '성적 욕망 또는 수치심을 유발할 수 있는 사람의 신체'를 그 피사체의 '의사에 반하여', '동의 없이' 촬영하였을 때 성립합니다. 성적 욕망이나 수치심을 유발하는지는 사회통념에 비추어 판단합니다.

만약 청바지를 입고 운동화를 신은 여성의 발과 발목 등이 찍혔다면 그 촬영 동기나 상황 등에 비추어 그 사진만으로는 성적 욕망 또는 수치심을 유발하지 않는다고 판단할 여지가 있습니다.

그러나 치마를 입고 있는 여성의 허벅지나, 굴곡이 드러난 가슴부위를 확대해서 촬영한 사진은 누구나 성적 수치심을 느낄 수 있는 사진이라는 것에 동의할 것입니다.

이처럼 카메라등이용촬영죄는 단순히 사진을 찍었다는 것보다는 사진의 구체적 사실관계에 따라 범죄가 되거나 되지 않기도 합니다.

한편 최근 카메라등이용촬영죄에서 문제가 되는 것은 실행의 착수에 이르렀는지입니다.

실행의 착수란 범죄 실행의 개시를 의미하는 것으로 범죄에 대한

구성요건적 행위가 개시되거나 구성요건 실현을 위한 직접적인 행위
가 있을 때 실행의 착수가 있다고 인정됩니다.

　카메라를 피해자의 치마 밑으로 들이밀었는데 녹화가 완료되지 않
았다면?
　범행 대상을 물색하다가 마땅히 피해자를 특정하지 못했다면?
　촬영 버튼을 누르기 전에 잡혔다면?

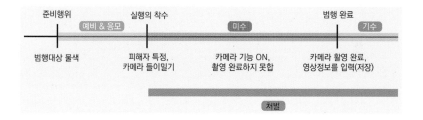

　이처럼 행위의 단계가 다양하게 구분되기 때문에 나의 행위가 어
떤 단계였는지가 중요합니다.
　카메라등이용촬영죄는 이미 범죄가 완성된 '기수'와 범죄가 완성
되기 전인 '미수'를 모두 처벌하나 미수는 감경이 될 수 있어서 핵심
적인 쟁점이 됩니다.
　사진 촬영 도구를 들고 피해자를 특정하여 카메라를 들이미는 시
점부터를 실행의 착수로 보아서 그때부터 카메라등이용촬영죄 미수
가 성립합니다.
　따라서 위 사건에서도 상담자는 필라테스 남성 회원들을 대상으로
몰래 카메라를 설치하려고 시도하였기 때문에 범죄 실현을 위한 행
위에 이르렀다고 충분히 볼 수 있으므로 미수범으로 처벌될 가능성
이 큽니다.

성폭력범죄의 처벌 등에 관한 특례법제4조(특수강간 등)

제14조(카메라 등을 이용한 촬영)

① 카메라나 그 밖에 이와 유사한 기능을 갖춘 기계장치를 이용하여 성적 욕 망 또는 수치심을 유발할 수 있는 사람의 신체를 촬영대상자의 의사에 반 하여 촬영한 자는 7년 이하의 징역 또는 5천만 원 이하의 벌금에 처한다.

② 제1항에 따른 촬영물 또는 복제물(복제물의 복제물을 포함한다. 이하 이 조에서 같다)을 반포·판매·임대·제공 또는 공공연하게 전시·상영(이하 "반포등"이라 한다)한 자 또는 제1항의 촬영이 촬영 당시에는 촬영대상자 의 의사에 반하지 아니한 경우(자신의 신체를 직접 촬영한 경우를 포함한 다)에도 사후에 그 촬영물 또는 복제물을 촬영대상자의 의사에 반하여 반 포등을 한 자는 7년 이하의 징역 또는 5천만 원 이하의 벌금에 처한다.

③ 영리를 목적으로 촬영대상자의 의사에 반하여 「정보통신망 이용촉진 및 정보보호 등에 관한 법률」 제2조제1항제1호의 정보통신망(이하 "정보통 신망"이라 한다)을 이용하여 제2항의 죄를 범한 자는 3년 이상의 유기징 역에 처한다.

④ 제1항 또는 제2항의 촬영물 또는 복제물을 소지·구입·저장 또는 시청한 자는 3년 이하의 징역 또는 3천만 원 이하의 벌금에 처한다.

⑤ 상습으로 제1항부터 제3항까지의 죄를 범한 때에는 그 죄에 정한 형의 2 분의 1까지 가중한다

아동·청소년의 성보호에 관한 법률

제11조(아동·청소년성착취물의 제작·배포 등)

① 아동·청소년성착취물을 제작·수입 또는 수출한 자는 무기징역 또는 5년 이상의 유기징역에 처한다.

⑤ 아동·청소년성착취물을 구입하거나 아동·청소년성착취물임을 알면서 이를 소지·시청한 자는 1년 이상의 징역에 처한다.

11

카메라등이용촬영죄(2)

사진을 찍다가 우연히 피해자가 찍혔는데,

왜 카메라등이용촬영죄가 되나요?

노을이 멋져서 풍경을 찍고 있었는데 당시 어떤 여성분이 노출이 심한 의상을 입고 있었고 그분의 어깨랑 다리 쪽이 촬영되었어요. 솔직히 저는 그분을 제대로 인식하지 못하고 있었는데, 그분이 신고하여 제가 경찰조사를 받게 되었습니다. 경찰에 사진을 보여주면서 우연히 찍힌 거라고 아무리 얘기해도 제 주장을 받아주지를 않아요.

카메라등이용촬영죄는 '성적 욕망 또는 수치심을 유발할 수 있는 사람의 신체'를 촬영하였는지가 문제 됩니다.

결국 사진의 내용을 해석해야 하고, 사진 전체의 구도, 촬영 동기, 어떠한 상황에서 촬영하였고 무엇을 대상으로 사진을 촬영하였는지에 대하여 적극적으로 설명해야 합니다.

피해자의 어깨가 촬영된 사진 2장을 비교해 보겠습니다.

두 사진 모두 무더운 여름 날씨에 촬영된 사진으로, 사진 속 피해자들은 민소매를 입고 있어 그들의 맨 어깨가 노출된 상황이었습니다.

그런데 피의자 A는 혐의가 없다고 하여 불기소처분을 받았고, 다른 피의자 B는 카메라등이용촬영죄의 범죄를 저질렀다고 인정되어 벌금형을 선고받았습니다.

두 피의자에게는 어떠한 차이가 있었을까요?

피의자 A가 촬영한 사진은, 피해자의 어깨가 일부 촬영되었는데 피해자 신체가 사진의 가장자리에 나타나 있었습니다. 피의자 A의 사진은 중앙에 시원한 물을 뿜는 분수가 있었고 그 주변으로 짧은 여름용 옷을 입은 사람들이 많이 있었습니다.

반면에 피의자 B가 촬영한 사진은 피해자의 어깨를 비롯하여 목덜미 그리고 민소매 사이로 살짝 보이는 속옷이 집중적으로 부각돼 있습니다. 사진 구도를 비교해봐도 피의자 B가 찍은 사진은 피해자의 어깨와 신체들이 강조돼 있어서 양자가 명확히 구별되었던 것입니다.

대중교통이나 공공장소에서 풍경을 찍거나 시선을 끄는 사물을 촬영하다가 카메라등이용촬영죄 혐의를 받는 경우가 많습니다.

이때 당황하여 사진을 삭제하는 등의 행동을 하면 더욱 의심을 살수 있습니다. 침착하게 문제의 사진을 제시하고 자신이 어떤 상황에서 무슨 의도로 사진을 찍었는지 차분히 설명해야 합니다.

이 사건에서는 우연히 사진을 찍었고, 피해자를 제대로 인식하지 못했다는 것을 밝혀야 합니다. 즉, '고의'가 없었다고 주장해야 하는데 연달아 찍은 사진들이 있거나 다른 사진들과 비교할 때 정말 '우연히' 찍혔다고 볼 만한 간접적인 증거들이 보완된다면 억울함을 해소할 수 있습니다.

⚖️ ──[법 조항을 알아보자]──

성폭력범죄의 처벌 등에 관한 특례법
제14조(카메라 등을 이용한 촬영)
① 카메라나 그 밖에 이와 유사한 기능을 갖춘 기계장치를 이용하여 성적 욕망 또는 수치심을 유발할 수 있는 다른 사람의 신체를 그 의사에 반하여 촬영하거나 그 촬영물을 반포·판매·임대·제공 또는 공공연하게 전시·상영한 자는 5년 이하의 징역 또는 1천만 원 이하의 벌금에 처한다.
② 제1항의 촬영이 촬영 당시에는 촬영대상자의 의사에 반하지 아니하는 경우에도 사후에 그 의사에 반하여 촬영물을 반포·판매·임대·제공 또는

공공연하게 전시·상영한 자는 3년 이하의 징역 또는 500만 원 이하의 벌금에 처한다.

③ 영리를 목적으로 제1항의 촬영물을 「정보통신망 이용촉진 및 정보보호 등에 관한 법률」 제2조제1항제1호의 정보통신망(이하 "정보통신망"이라 한다)을 이용하여 유포한 자는 7년 이하의 징역 또는 3천만 원 이하의 벌금에 처한다.

 법무법인 동광의 성공사례 소개

사안

피의자는 모텔에서 피의자 소유의 휴대폰 카메라를 이용하여 여자친구인 고소인의 나체를 그 의사에 반하여 촬영한 것을 비롯하여 여러 차례 고소인을 촬영하였고, 이를 친구의 집에서 친구에게 자신의 휴대폰 갤러리 내의 고소인의 영상을 보여주는 방법으로 제공하여 성폭법상 카메라등촬영 및 유포 혐의로 입건되었으나 피의자는 혐의를 부인하고 있었습니다.

24시 성범죄 케어센터의 해결

케어센터는 사실관계 및 관련 자료를 전부 검토한 후 먼저 모든 혐의를 부정하는 취지에서 피의자 조사를 준비하였습니다.

그리고 휴대전화를 임의제출하도록 하여 피의자로서는 떳떳하고 숨길 것이 없음을 피력하였습니다. 이후 실제 포렌식 과정에서 피의자의 주장과 같이 혐의사실 관련 사진과 영상들이 나오지 않았음을 파악하였습니다.

케어센터는 실제 문제 영상에 대해서는 포렌식 결과와 무관하게 그 존재를 인정하고, 이를 촬영하게 된 경위와 이를 유포한 것이라 상대가 오해하게 된 경위를 변호인 의견서를 통해 상세히 소명하였습니다.

① 문제 영상은 피의자와 고소인 간 동의하에 촬영한 것이며 ② 그마저도 영상은 검은 화면만 나올 뿐 교성만이 짧게 녹음된 것이어서 이는 카촬죄의 대상에 해당하는 것이 아니며 ③ 동성 친구의 집에서 함께 찍은 사진들을 보던 중 실수로 문제 영상이 재생된 것이어서 이를 유포로 볼 수 없다는 점을 강조하였고 결국 경찰에서도 이 점을 인정하여 피의자는 불송치 처분을 받을 수 있었습니다.

12

카메라등이용촬영죄(3)

영상을 삭제했는데도
카메라등이용촬영죄에 해당할까요?

충동적으로 여자친구와의 성관계 영상을 몰래 촬영했습니다. 여자친구가 삭제 하라고 해서 바로 삭제했는데, 결국 고소당했어요. 이미 삭제도 했고 유포도 안했는데 범죄가 될까요?

질문자는 '몰래' 촬영하여 카메라등이용촬영죄를 저지른 것으로 보입니다.

카메라등이용촬영죄는 스마트폰 사용이 일상화되면서 가장 빈번히 발생하는 성범죄 중 하나입니다.

'촬영대상자'의 '의사에 반하여 촬영'되었는지가 범죄 성립을 결정하는 핵심 요소입니다. 따라서 의뢰인처럼 몰래 촬영하다가 발각돼 삭제 요청을 받고 삭제해도, 이미 상대방 의사에 반해 촬영했으므로 촬영 완료 시점에 범행은 완성된 것으로 판단합니다.

'의사에 반하는지 여부'를 강조하는 것은 범죄가 성립하는지를 판가름하는 요소이자 카메라등이용촬영죄가 문제 되는 여러 가지 상황과 관련이 있기 때문입니다.

① 상대의 **의사에 반하여** 몰래 촬영한다면 카메라등이용촬영죄에 해당합니다.

② 촬영 당시에는 동의하였는데 **시간이 지나 삭제 요청을 하였다**면 어떨까요. 이 경우에는 우선 동의를 받고 촬영하였기 때문에 카메라등이용촬영죄에 해당하지 않습니다.

③ **동의하에 촬영**하였는데, **허락 없이 영상이나 사진을 유포**했다면 역시 처벌받습니다.

나아가 촬영대상자 의사에 반하여 촬영한 사진이나 동영상을 소지, 구입, 저장 또는 시청한 경우에도 처벌 대상이 될 수 있는데, 삭제요청을 받고 깜박한 경우에는 별도의 소지죄가 인정될까요?

구체적인 사실관계에 따라 결론은 달라질 수 있는데, 최초 촬영 후에 해당 영상물이 저장됐다면 이는 촬영 이후 자연스럽게 매체에 저장되는 과정에서 발생한 일이 됩니다.

즉, '불법촬영' 후와 별개로 분리되지 않는 촬영 행위에 소지는 일반적·전형적으로 수반되는 행위에 불과하므로 영상물을 삭제하지 않았다고 해서 별도의 범죄인 '소지'행위가 되지 않습니다.

이는 구체적 사실관계에 따라 다른데, 법원은 "사회 통념상 새로운 '소지'행위로 평가"될 만한 행위를 했을 때 별도의 소지행위가 있었다고 보고 있습니다. 예를 들면, 다른 사람이 불법 촬영한 영상임을 알면서도 그 영상을 전달받아 컴퓨터에 저장해두었을 때, 개인 계정의 클라우드에 업로드 해두었을 때 모두 '소지'하고 있다고 봅니다.

📖 **법 조항을 알아보자**

성폭력범죄의 처벌 등에 관한 특례법
제14조(카메라 등을 이용한 촬영)

① 카메라나 그 밖에 이와 유사한 기능을 갖춘 기계장치를 이용하여 성적 욕망 또는 수치심을 유발할 수 있는 사람의 신체를 촬영대상자의 의사에 반하여 촬영한 자는 7년 이하의 징역 또는 5천만 원 이하의 벌금에 처한다.

② 제1항에 따른 촬영물 또는 복제물(복제물의 복제물을 포함한다. 이하 이 조에서 같다)을 반포·판매·임대·제공 또는 공공연하게 전시·상영(이하 "반포등"이라 한다)한 자 또는 제1항의 촬영이 촬영 당시에는 촬영대상자의 의사에 반하지 아니한 경우(자신의 신체를 직접 촬영한 경우를 포함한다)

에도 사후에 그 촬영물 또는 복제물을 촬영대상자의 의사에 반하여 반포
등을 한 자는 7년 이하의 징역 또는 5천만 원 이하의 벌금에 처한다.

③ 영리를 목적으로 촬영대상자의 의사에 반하여 「정보통신망 이용촉진 및
정보보호 등에 관한 법률」 제2조제1항제1호의 정보통신망(이하 "정보통
신망"이라 한다)을 이용하여 제2항의 죄를 범한 자는 3년 이상의 유기징
역에 처한다.

④ 제1항 또는 제2항의 촬영물 또는 복제물을 소지·구입·저장 또는 시청
한 자는 3년 이하의 징역 또는 3천만 원 이하의 벌금에 처한다.

⑤ 상습으로 제1항부터 제3항까지의 죄를 범한 때에는 그 죄에 정한 형의 2
분의 1까지 가중한다

아동·청소년의 성보호에 관한 법률
제11조(아동·청소년성착취물의 제작·배포 등)

① 아동·청소년성착취물을 제작·수입 또는 수출한 자는 무기징역 또는 5
년 이상의 유기징역에 처한다.

⑤ 아동·청소년성착취물을 구입하거나 아동·청소년성착취물임을 알면서
이를 소지·시청한 자는 1년 이상의 징역에 처한다.

🏛️ 유익한 판례 정보

촬영과 소지가 구분될 수 있을까?

피고인이 아동·청소년인 피해자들에게 직접 아동·청소년이용음란물(현, 아동·청소년성착취물)을 촬영한 후 전송하도록 하였고 이를 소지하여 아동·청소년의 성보호에 관한 법률 제11조 제1항 및 제5항을 위반하였다는 이유로 기소된 사건이 있었습니다.

대법원은 아동·청소년이용음란물을 제작한 자가 그 음란물을 소지하게 되는 것은 제작에 수반되는 행위이므로 청소년성보호법위반(음란물제작·배포 등)죄가 성립하는 이상 청소년성보호법위반(음란물소지죄)는 흡수된다고 보았고, 별개의 청소년성보호법 위반(음란물소지)죄가 성립하려면 아동·청소년이용음란물을 제작한 자가 제작에 수반된 소지 행위를 벗어나 **사회통념상 새로운 소지가 있었다고 평가할 수 있는 별도의 소지행위를 개시**하였다고 인정되어야 한다고 보았습니다.

13

아동·청소년 성착취물 (1)

다운로드 받고 나서 한 번도 시청한 적은 없는데,

아청법 위반일까요?

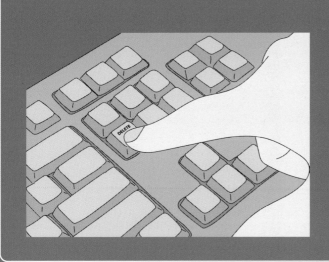

얼마 전에 학생들끼리 성관계하는 영상을 다운로드 받았습니다. 정확히 장담은 못 하겠지만, 교복을 입고 있기도 했고 얼굴들이 조금 앳되어 학생일 수도 있거든요. 그런데 막상 다운로드 받은 이후 정말 한 번도 동영상을 본 적은 없는데, 그런데도 처벌받을까요? 경찰이 찾아올까 봐 너무 무섭습니다.

아동·청소년의 성보호에 관한 법률(청소년성보호법)에 따르면 아동·청소년 성착취물을 구입하거나, 아동·청소년성착취물임을 알면서 이를 소지·시청한 자는 1년 이상의 징역에 처합니다.

아동·청소년 성착취물이란?
아동·청소년 또는 아동·청소년으로 명백하게 인식될 수 있는 사람이나 표현물이 등장하여, 성교행위, 유사성교행위, 자위행위 또는 신체의 전부 또는 일부를 접촉, 노출 하는 행위로서 일반인의 성적 수치심이나 혐오감을 일으키는 경우 '아동·청소년 성착취물'에 해당합니다.

아동·청소년 성착취물임을 알았다는 것은?
앞서 설명해드린 것처럼, 아동·청소년 성착취물로 인정되면 '알았다'라고 해석됩니다. '표현물'이란 실제 사람이 아니더라도 캐릭터, 만화, 3D 인물 등 모든 경우도 포함하고요.
성인 배우가 '교복'을 입고 성교행위를 하는 장면이 담긴 음란물이라고 하더라도, 해당 배우가 '성인'임이 명백해 보이는 경우에는 아동·청소년 성착취물에 해당하지 않습니다.

그런데 이 사안을 보면 '교복'을 입고 있고 '얼굴이 앳되어' '학생'으로 보일 수 있다고 했습니다. 다시 말해 아동이나 청소년으로 인식될 수 있는 사람이 등장하는 영상이므로 소지만 해도 처벌 대상이 됩니다.

┌─ 법 조항을 알아보자 ─┐

성폭력범죄의 처벌 등에 관한 특례법

제11조 (아동 · 청소년성착취물의 제작 · 배포 등)

① 아동 · 청소년성착취물을 제작 · 수입 또는 수출한 자는 무기징역 또는 5년 이상의 유기징역에 처한다.

② 영리를 목적으로 아동 · 청소년성착취물을 판매 · 대여 · 배포 · 제공하거나 이를 목적으로 소지 · 운반 · 광고 · 소개하거나 공연히 전시 또는 상영한 자는 5년 이상의 징역에 처한다.

③ 아동 · 청소년성착취물을 배포 · 제공하거나 이를 목적으로 광고 · 소개하거나 공연히 전시 또는 상영한 자는 3년 이상의 징역에 처한다.

④ 아동 · 청소년성착취물을 제작할 것이라는 정황을 알면서 아동 · 청소년을 아동 · 청소년성착취물의 제작자에게 알선한 자는 3년 이상의 징역에 처한다.

⑤ 아동 · 청소년성착취물을 구입하거나 아동 · 청소년성착취물임을 알면서 이를 소지 · 시청한 자는 1년 이상의 징역에 처한다.

⑥ 제1항의 미수범은 처벌한다

⑦ 상습적으로 제1항의 죄를 범한 자는 그 죄에 대하여 정하는 형의 2분의 1까지 가중한다

대한민국을 떠들썩하게 한 N번방 사건

N번방 사건은 2018년 하반기부터 2020년 3월까지 텔레그램, 디스코드, 라인, 위커, 와이어, 카카오톡 등등의 메신저 앱을 이용하여 피해자들을 유인한 뒤 신상을 파악하여 협박하는 방식으로 성착취물을 찍게 하고 이를 익명의 메신저 앱을 통하여 조직적으로 유포한 디지털 성범죄, 성 착취 사건입니다. 영상을 텔레그램 상에서 소위 '1번방부터 8번방'까지 8개의 채팅방에서 판매한 닉네임 '갓갓' 문형욱의 'N번방' 사건과 입장 금액에 따라 채팅방 등급을 나눈 닉네임 '박사' 조주빈의 '박사방' 사건이 대표적입니다.

위 사건으로, 미성년자 성착취에 대한 강력한 처벌 필요성이 대두되어 소위 'N번방 방지법'을 통하여 형사처벌이 강화되고 있습니다. 주요 내용은 아래와 같습니다.

① 성폭력처벌법 개정안

애초 불법 촬영물과 관련하여 반포·판매·임대·제공만 처벌 대상으로 삼았으나, 현행법에서 불법 성적 촬영물을 소지·구입·저장·시청한 자를 3년 이하의 징역이나 3천만 원 이하의 벌금에 처하는 규정으로 추가하여 개정했다. 자신이 직접 촬영한 영상물이라고 해도, 다른 사람이 본인 의사에 반해 유포하면 처벌한다는 규정을 명확히 하고 형량도 높였다. 성적 수치심을 일으킬 수 있는 촬영물을 이용하여 협박하거나 강요한 자에게는 각각 1년 이상, 3년 이상의 징역형을 부과하는 내용이 신설됐다.

② 형법 개정안

미성년자 의제 강간 연령 기준을 만 13살에서 만 16살로 높였다.

③ 청소년성보호법 개정안

성매매 대상이 된 아동·청소년을 '피해자'로 명시하고 아동·청소년을 대상으로 한 성폭력 범죄뿐 아니라 단순 성범죄를 저지른 사람도 신상 공개 대상에 포함하였다.

14

아동·청소년 성착취물 (2)

청소년 스스로 촬영한 영상인데

아동·청소년 성착취물이 되나요?

얼마 전 아청물 소지자로 조사를 받으라고 연락받았습니다. 제가 가진 아청물은 정말 딱 1개고, 영상을 보면 청소년으로 보이는 사람이 야한 춤을 추긴 하지만 청소년이 직접 촬영했고, 카메라를 향해 윙크하거나, 아무튼 누가보더라도 청소년이 스스로 촬영하고 업로드 한 영상이에요. 저는 단순히 이를 다운로드 받았을 뿐인데 왜 제가 처벌받아야 하나요?

우선 이 사안에서 질문자는 유죄 판결을 받게 될 것입니다.

그 이유를 처음부터 설명해드리겠습니다.

어떤 범죄는 '타인의 의사에 반하여' 라는 문구가 법률에 포함되어 있는 경우가 있습니다. 즉, 당사자가 '동의'하였다면 그 행위가 범죄가 되지 않습니다. 그러나 아동·청소년의 성보호에 관한 법률(청소년 성보호법)에 따르면 아동·청소년이 문제의 성착취물 촬영에 동의하였는지 여부를 구별하고 있지 않습니다.

아동이나 청소년은 평균적으로 성인과 비교할 때 사리 판단 능력이 미숙합니다. 그러므로 이들의 동의가 과연 정상적인 사고에 의한 것인지 진위 확인이 매우 중요합니다.

아동·청소년이 동의하여 불법 촬영물을 찍었어도, 이러한 불법 촬영물이 어떠한 위험을 동반하는지 모르는 경우가 많습니다.

아동·청소년 성착취물은 누가 소지하고 어디까지 유포될지 알 수 없고 여러 디지털 성범죄 문제가 발생할 수 있습니다. 그런데 금전적 유인 등에 이끌려 충동적으로 불법 촬영물을 찍은 아동·청소년은 이런 위험성을 제대로 인식하고 평가하기 어렵습니다.

또한 미숙한 아동·청소년을 이용한 비난 가능성이 큰 중대 범죄이므로 엄벌에 처할 필요가 있습니다.

그래서 청소년이 스스로 촬영하거나 동의한 영상이라도 처벌대상이 됩니다.

'공소시효'가 없다는데?

다른 범죄와 마찬가지로 공소시효는 존재합니다. 다만 계산 방법이 다릅니다.

본래 공소시효는 '범죄 행위가 종료된 시점'을 기준으로 계산하는 것이 원칙입니다.

공소시효는 시간의 경과로 처벌 필요성이 감소하고, 증거가 사라지는 것으로 인하여 진실 발견이 곤란해지는 등의 문제를 다각적으로 고려한 제도입니다.

그런데 '아청물' 관련해서는 청소년성보호법에서 특례 규정을 두고 있습니다. 해당 피해를 입은 아동·청소년이 '성년에 달한 날', 다시 말해 **'성년이 된 날'부터 공소시효를 계산하는 것입니다.**

예를 들어 2022년 불법 촬영물 촬영 당시 피해 아동이 만 15살이었다면 범죄 행위가 발생한 2022년부터 공소시효가 진행되는 것이 아니고, 피해 아동이 만 19세로 성년이 되는 2026년부터 공소시효를 계산합니다. 아동이 성인이 되어 자신의 과거 피해 사실을 제대로 인식하고 가해자를 처벌하도록 신고할 수 있게 한 것입니다.

아동·청소년의 성보호에 관한 법률

제7조의3(공소시효 기산에 관한 특례)

① 아동·청소년 대상 성범죄의 공소시효는 「형사소송법」 제252조제1항에 도 불구하고 해당 성범죄로 피해를 당한 아동·청소년이 성년에 달한 날 부터 진행한다.

② 제7조의 죄는 디엔에이(DNA) 증거 등 그 죄를 증명할 수 있는 과학적인 증거가 있는 때에는 공소시효가 10년 연장된다.

③ 13세 미만의 여자 및 신체적인 또는 정신적인 장애가 있는 여자에 대하여 폭행 또는 협박으로 강간하거나 「형법」 제299조(준강간에 한정한다)의 죄를 범한 경우에는 제1항과 제2항에도 불구하고 「형사소송법」 제249조 부터 제253조까지 및 「군사법원법」 제291조부터 제295조까지에 규정 된 공소시효를 적용하지 아니한다.

15

성매매 (1)

돈만 주고 성관계는 안 했어요!
성매매로 처벌받을까요?

성매매업소에 선금을 지불했는데, 갑자기 보증금을 추가로 달라는 둥 여성을 만나게 해주지 않고 돈만 계속 요구했습니다. 그래서 제가 그냥 취소하고 그동안 지불한 돈을 전부 돌려 달라고 했더니 돌려줄 수 없다고 합니다. 제가 사기죄로 경찰에 신고한다고 말했는데 그 사람이 저 역시 성매매를 해서 처벌받을 거라는데, 이 경우에도 성매매가 인정되나요?

법적 개념으로 성매매는 불특정인을 상대로 금품 등을 약속한 다음 성교행위 혹은 구강, 항문 등 신체의 일부 또는 도구를 이용한 유사 성교행위를 하는 것을 말하며, 우리나라에서 성매매는 불법으로 규정되어 있습니다.

그런데 성매매 업소에서 단속을 피하기 위한 목적이라며 보증금 명목으로 선입금을 유도하는 사례가 늘고 있습니다.

성매매가 불법이라는 점을 노려 성 구매자인 사기 피해자들이 신고하지 못한다는 점을 노린 것인데요. 선입금 금액이 많게는 1천만 원이 넘어가는 경우가 생기면서 이러한 성매매 사기 수법을 어떻게 대처해야 할지 논란입니다.

성매매를 위한 보증금 등을 선입금한 후 성매매를 하였다면 당연히 성매매로 처벌받는데, 성매매를 하지 않았다면 어떻게 될까요?

이 경우, 성을 판매하는 사람이 미성년자인지 아니면 성인인지에 따라 다르게 평가됩니다. 성 판매자가 미성년자라면 성매매까지 종료되지 않았다고 하더라도 처벌 받을 수 있습니다. 아동·청소년 성보호법상 성매매를 목적으로 아동이나 청소년을 유인하거나 권유하기만 해도 3년 이하의 징역이나 3천만 원 이하의 벌금에 처해지기 때문입니다. 최종적인 성행위가 없다고 하더라도 보증금을 지급한 것만으로도 미성년자에게 성매매하자고 권유한 것이라고 평가되는 것이죠.

반대로 성 판매자가 성인의 경우에는 성매매처벌법이 적용되는데, 여기서는 별도의 '미수범' 처벌 규정이 없습니다. 따라서 최종적인 성행위가 없다면 미수범으로도 처벌받지 않습니다.

법 조항을 알아보자

성매매알선 등 행위의 처벌에 관한 법률

제4조(금지행위) 누구든지 다음 각 호의 어느 하나에 해당하는 행위를 하여서는 아니 된다.

1. 성매매
2. 성매매알선 등 행위
3. 성매매 목적의 인신매매
4. 성을 파는 행위를 하게 할 목적으로 다른 사람을 고용·모집하거나 성매매가 행하여진다는 사실을 알고 직업을 소개·알선하는 행위
5. 제1호, 제2호 및 제4호의 행위 및 그 행위가 행하여지는 업소에 대한 광고행위

제21조(벌칙) ① 성매매를 한 사람은 1년 이하의 징역이나 300만 원 이하의 벌금·구류 또는 과료(科料)에 처한다.

법률상식

성매매를 위한 보증금 등을 선입금하게 유도한 뒤 성매매가 이루어지지 않았을 때, 상대방을 '사기죄'로 고소할 수 있을까요?

"사기꾼이다!"라고 말하려면, '사기꾼'이 피해자를 속여서 본인의 이익을 취득해야 합니다. 이러한 속이는 행위를 법적으로는 '기망'이라고 표현합니다.

성매매를 할 거면 먼저 보증금을 내라고 해서 지불했는데 정작 성매매는 이루어지지 않았다면 어떻게 될까요?

성매매를 하기 위해 지불하는 모든 명목의 돈을 불법원인급여라고 할 수 있습니다. 불법원인급여란 불법의 원인으로 재산을 급여하거나 노무를 제공하는 것을 말합니다.

원칙적으로 불법원인급여에 해당하면 돈을 지불한 사람(급여자)이 그 돈을 받은 사람(수익자)에게 반환을 청구할 수 없습니다.

그런데 만일 수익자가 급여자를 속여서, 즉 '기망'을 하였고 이로 인해서 급여자가 불법원인급여를 제공하였다면 그 돈을 반환받는 것과는 별도로 수익자에게 사기죄가 성립할 수 있습니다.

🏛 유익한 판례 정보

성매매와 돈, 끊임없는 전쟁

민법 제746조의 불법원인급여에 해당하여 급여자가 수익자에 대한 반환청구권을 행사할 수 없다고 하더라도, 수익자가 기망을 통하여 급여자로 하여금 불법원인급여에 해당하는 재물을 제공하도록 하였다면 사기죄가 성립한다고 할 것인 바(대법원 1995. 9. 15. 선고 95도707 판결 참조), 피고인이 피해자 공소외인으로부터 도박자금으로 사용하기 위하여 금원을 차용하였더라도 사기죄의 성립에는 영향이 없다고 한 원심의 판단은 옳은 것으로 수긍이 가고, 거기에 불법원인급여와 사기죄의 성립에 관한 법리오해의 위법이 있다고 할 수 없다고 본다.

이러한 판례에 따르면 결국 성매매 대금이라고 속인 뒤 금품을 수령한 사람이 사실은 성매매를 이루어줄 의사가 없었다면 사기죄로 고소하고 처벌받게 할 수 있습니다.

16

성매매 (2)

성매매를 알선했는데
정말 청소년인 줄은 몰랐어요.

저는 과거 유흥주점을 운영한 경험이 있어서 최근에도 알음알음 성 구매자와 판매자를 연결해주곤 했습니다. 그런데 최근에 성숙해 보이는 외모의 한 여성이 돈을 마련해서 미용실을 차린다고 하기에 성매매 알선을 해주었어요. 그런데 이 친구가 성인이 아닌 미성년자였다고 합니다. 아청법에 따르면 성을 팔도록 권유하는 행위는 처벌 대상이라는데, 저는 청소년인 줄은 꿈에도 몰랐습니다. 알선해 준 성 판매자 여성이 미성년자인지 몰랐는데도 처벌받나요?

아동·청소년의 성보호에 관한 법률(이하 '청소년성보호법'이라고 합니다)은 성매매의 대상이 된 아동·청소년을 보호·구제하려는 데 입법 취지가 있습니다.

청소년성보호법에서 '아동·청소년의 성매매 행위'가 아닌 '아동·청소년의 성을 사는 행위'라는 용어를 사용하는데, 법원은 아동·청소년은 보호 대상에 해당할 뿐 성매매의 주체가 될 수 없기 때문에 상호 합의하에 거래가 성립되었음을 의미하는 '매매'라는 용어를 사용하지 않고 그저 아동·청소년의 성을 사는 사람이라는 주체만 표현한 것이죠.

다시 말해 아동·청소년은 성 매도자에 해당하지 않게 된다는 의미로 이들을 최우선으로 보호하기 위해 법이 제정되었다는 취지입니다.

아동·청소년의 성을 매수하는 행위는 입법 취지를 유념해야 하는데, 이번 사례에서처럼 성매매를 직업으로 삼고 있는 이른바 포주들이 성 판매자가 아동·청소년인 줄 몰랐다고 주장하려면 입법 취지를 바탕으로 그들에게 부과된 의무를 이행하였는지 추가적인 검토를 해야 합니다.

포주들이 아동·청소년인지 몰랐다고 주장하려면 주민등록증이나 여권 같이 공적 증명이 뒷받침되는 자료들을 면밀하게 살펴볼 의무를 모두 이행했는지가 관건입니다.

가령 주민등록증을 제시한 사람과 등록증의 사진이 다르다고 생각되어 실물 확인이 더 필요하다면 그때까지 이들을 채용하여서는 안 됩니다.

이처럼 포주들이 아동·청소년인지 여부를 엄격하게 확인하지 않았다면 모두 청소년성보호법 위반 혐의가 인정됩니다.

요즘 청소년들이 성인과 다름없는 외모를 하고 있어 질문자로서는 가혹하다고 느낄 수 있지만, 아직 나이 어린 청소년들을 보호하자는 것이 이 법이 지향하는 바이므로 그에 따라야 합니다.

설령 아동·청소년인지 몰랐어도, 성매매를 알선하는 것을 영업으로 하면 처벌 수위는 다르지만 마찬가지로 처벌받습니다. 그러므로 이 사건에서 미성년자임을 몰랐다는 주장만으로는 처벌을 면하기 어려울 것입니다.

⚖️ **법 조항을 알아보자**

아동·청소년의 성보호에 관한 법률
제15조(알선영업행위 등)
① 다음 각 호의 어느 하나에 해당하는 자는 7년 이상의 유기징역에 처한다.
  1. 아동·청소년의 성을 사는 행위의 장소를 제공하는 행위를 업으로 하는 자
  2. 아동·청소년의 성을 사는 행위를 알선하거나 정보통신망(「정보통신망 이용촉진 및 정보보호 등에 관한 법률」 제2조제1항제1호의 정보통신망을 말한다. 이하 같다)에서 알선정보를 제공하는 행위를 업으로 하는 자

3. 제1호 또는 제2호의 범죄에 사용되는 사실을 알면서 자금·토지 또는
건물을 제공한 자

4. 영업으로 아동·청소년의 성을 사는 행위의 장소를 제공·알선하는 업
소에 아동·청소년을 고용하도록 한 자

② 다음 각 호의 어느 하나에 해당하는 자는 7년 이하의 징역 또는 5천만 원
이하의 벌금에 처한다.

1. 영업으로 아동·청소년의 성을 사는 행위를 하도록 유인·권유 또는
강요한 자

2. 아동·청소년의 성을 사는 행위의 장소를 제공한 자

3. 아동·청소년의 성을 사는 행위를 알선하거나 정보통신망에서 알선정
보를 제공한 자

4. 영업으로 제2호 또는 제3호의 행위를 약속한 자

③ 아동·청소년의 성을 사는 행위를 하도록 유인·권유 또는 강요한 자는
5년 이하의 징역 또는 3천만 원 이하의 벌금에 처한다.

🏛 유익한 판례 정보

청소년을 고용할 때 절대로 주의할 것

청소년 보호법의 입법목적 등에 비추어 볼 때, 유흥주점과 같은 청소년 유해
업소의 업주에게는 청소년 보호를 위하여 청소년을 당해 업소에 고용하여서
는 아니 될 매우 엄중한 책임이 부여되어 있으므로, 유흥주점의 업주가 당해
유흥업소에 종업원을 고용하는 경우에는 **주민등록증이나 이에 유사한 정도
로 연령에 관한 공적 증명력이 있는 증거에 의하여 대상자의 연령을 확인하**
여야 합니다.

청소년이 자신의 신분과 연령을 감추고 유흥업소 취업을 감행하는 사례가 적
지 않은 유흥업계의 취약한 고용실태를 고려하여 그런 **환경에서 적절한 대처**
가 있었는지를 중점적으로 봅니다.

업주로서는 주민등록증상의 사진과 실물을 자세히 대조하거나 주민등록증상의 주소 또는 주민등록번호를 외워보도록 하는 등 추가적인 연령확인조치를 취하여야 합니다.

만일 대상자가 신분증을 분실하였다는 사유로 연령 확인에 응하지 아니하는 등 고용대상자의 연령확인이 당장 용이하지 아니한 경우라면 대상자의 연령을 공적 증명에 의하여 확실히 확인할 수 있는 때까지 채용을 보류하거나 거부하여야 할 의무가 있습니다.

이러한 법리는, 성매매와 성폭력행위의 대상이 된 아동·청소년의 보호·구제를 목적으로 하는 아동·청소년의 성보호에 관한 법률의 입법 취지 등에 비추어 볼 때, 성을 사는 행위를 알선하는 행위를 업으로 하는 자가 알선영업행위를 위하여 아동·청소년인 종업원을 고용하는 경우에도 마찬가지로 적용된다고 보아야 합니다.

따라서 성을 사는 행위의 알선을 업으로 하는 자가 성매매알선을 위해 종업원을 고용하면서 아동·청소년 보호를 위한 위와 같은 연령확인 의무를 이행하지 않은 채 아동·청소년을 고용하였다면, 특별한 사정이 없는 한 적어도 아동·청소년의 성을 사는 행위를 알선한 미필적 고의는 인정된다고 봄이 타당하여 불법을 저지른 것이 인정됩니다.

법률상식

외국에서 성매매하는 경우?

세계적으로 성매매가 합법인 나라들이 존재합니다.

하지만 우리나라 형법은 '속인주의', 다시 말해 우리나라 국민이라면 세계 어디에서도 우리 형법이 금지하는 범죄 행위를 하면 처벌받습니다. 따라서 성매매가 합법인 외국에서 우리나라 국민이 성매매하면 처벌 대상이 됩니다.

■ 한국과 유럽 주요국의 성매매 현황 비교

국가명	성매매종사자(명)	법적 형태	인구대비 비율(%)
대한민국	27만	완전불법	0.538
독일	40만	완전불법	0.489
네덜란드	1만~1만5천	완전불법	0.057~0.895
영국	8만	개인성매매 합법	0.127
이탈리아	5만	개인성매매 합법	0.082
프랑스	3만	개인성매매 합법	0.045
스웨덴	650~2500	성구매자만 불법	0.007~0.026
노르웨이	3300	성구매자만 불법	0.066

*한국: 2007년, 2010년 여성부 성매매 실태조사

*스웨덴: 스웨덴, 정부 북유럽 젠더연구소 추계

*기타 유럽국가: 2009년 TAMPEP 보고서

17

통신매체이용음란죄

성인 앱에서 야한 사진을 보냈어요. **원래 그런 경우가**
많은 앱인데도 통신매체이용음란죄에 해당하나요?

얼마 전에 여자친구랑 헤어지고 술로 지새운 나날을 보냈습니다. 그 모습을 보다 못한 친구가 성인 간의 만남을 주선하는 데이트 앱을 소개해주었습니다. 게시판에는 각종 성인 유머와 음담패설이 난무하였고 저도 덩달아 마음에 드는 여성들에게 쪽지를 보냈습니다. 이렇게 대화가 연결된 여성과 저는 음란한 말들을 주고받았는데, 여성이 대화를 잘 받아주길래 저는 제 성기 사진을 보내면서 '내 거 어때?'라고 물어보았습니다. 그런데 여성분이 갑자기 왜 이런 사진을 보내냐고 화를 내면서 고소한다고 하네요. 성인 전용 앱이고 성적인 대화를 나눈 사이인데도 제 사진을 보낸 것이 범죄가 되나요?

자기 또는 다른 사람의 성적 욕망을 유발하거나 만족시킬 목적으로 '통신매체'를 이용하여(예시 : 전화, 우편, 컴퓨터, 핸드폰 등의 통신매체) 성적 수치심이나 혐오감을 일으키는 말, 음향, 글, 그림, 영상 또는 물건을 상대방에게 도달하게 하면 성립하는 범죄가 바로 '통신매체이용음란죄'입니다.

두 사람이 성적인 대화를 나누다가 성적 수치심을 느낄 수 있는 사진(상담자가 실제로 보낸 '성기 사진'이라고 표현해 보겠습니다.)을 보냈으나 상대방의 암묵적 또는 묵시적 동의가 있었다고 인정된다면 범죄가 성립되지 않습니다.

상대방이 성적 수치심이나 혐오감을 느끼지 않았다고 판단할 수 있기 때문입니다.

문제는 '성적 수치심' 또는 '혐오감'을 느끼는지는 인간 내면의 심리라서 실질적으로 이를 증명하기가 매우 어렵다는 것입니다.

이럴 때 우리는 사회통념이란 개념을 활용합니다. 일반 상식을 바탕으로 대화 내용을 살펴보고, 두 사람이 단순히 야한 농담을 넘어 성기 사진을 주고받을 정도의 대화를 했다는 점이 입증되면 '암묵적 동의', '묵시적 동의' 개념을 사용하여 처벌받지 않을 수 있습니다.

결국 '암묵적 동의', '묵시적 동의'가 있었다는 것을 뒷받침하려면 그동안의 대화 내용, 두 사람이 연락을 주고받게 된 계기, 만남의 기회가 되었던 장소(혹은 애플리케이션 등)의 특징 등을 모두 활용해야 합니다. 따라서 고소나 신고를 당하면 당황하지 말고 우선 관련 자료를 최대한 수집하는 것이 법적 대응에 도움이 됩니다.

법 조항을 알아보자

성폭력범죄의 처벌 등에 관한 특례법

제13조(통신매체를 이용한 음란행위) 자기 또는 다른 사람의 성적 욕망을 유발하거나 만족시킬 목적으로 전화, 우편, 컴퓨터, 그 밖의 통신매체를 통하여 성적 수치심이나 혐오감을 일으키는 말, 음향, 글, 그림, 영상 또는 물건을 상대방에게 도달하게 한 사람은 2년 이하의 징역 또는 2천만 원 이하의 벌금에 처한다.

18

공연음란죄

제 차 안에서 자위를 했는데
공연음란죄가 성립할까요?

공연음란죄를 알아보니까, 공연성이 있어야 한다고 하더라고요. 제가 얼마 전 공원 주차장에서 동영상을 보면서 자위를 했습니다. 주변에 거의 사람도 없었고, 어두워서 안 보였겠다고 생각했는데 어떤 학생들이 저를 보고 신고를 했어요. 그런데 제 차 안에서 영상을 보다가 충동적으로 자위를 한 건데 공연음란죄라니, 부끄럽기도 하고 억울하기도 해요.

공연음란죄란 '공연히', '음란한 행위'를 한 때 성립합니다.

일반 보통인의 성욕을 자극하여 성적 흥분을 유발하고 정상적인 성적 수치심을 해하여 성적 도의관념에 반할 때 '음란성'이 인정됩니다.

그런데 음란성은 모호하다고 취급되는 대표적인 개념으로, 명확성의 원칙에 반하는 것이라는 주장과 함께 헌법재판소에 위헌 여부가 문제 되기도 했습니다.

관계 법령과 사회 통념상 음란성은 충분히 이해될 수 있는 개념으로 명확성의 원칙에 위배되는 것은 아니라는 판단이 내려졌지만, 여전히 어려운 표현이죠.

쉽게 생각하여, 눈살을 찌푸릴 정도의 야한 행위라면 법적으로도 '음란행위'라고 해석될 여지가 큽니다.

행위자가 성욕을 만족시키거나 성적 흥분을 느끼려는 목적으로 한다고 성립하는 것은 아닙니다.

다만 행위자가 그 행위 자체가 음란하다고 인식하면 '음란한 행위'를 하겠다는 고의가 인정됩니다. 사안마다 음란성이 인정되는 경우가 다른데, 행패를 부리던 사람이 신고받고 출동한 경찰관에게 항의

할 목적으로 주변에 많은 사람들이 있는 가운데 입고 있던 옷을 모두 벗어 알몸 상태로 드러눕고 돌아다닌 사건이 있었습니다.

그 사람은 옷을 벗어 자신의 성적 흥분이나 만족을 느끼려는 의도가 있다고 보기 어려웠지만, 일반적으로 옷을 모두 벗고 '알몸'을 보이는 것은 음란한 행위라고 인식하기에 충분합니다.

그 사람도 음란한 행위라고 인식하기에 충분해서 '음란성'이 인정돼 공연음란죄 혐의로 처벌받았습니다.

'공연'이란, 불특정 또는 다수인이 인식할 수 있는 상태임을 말합니다.

공원이나 공연장, 거리 등과 같이 누구든지 행위자의 행위를 목격할 수 있는 공개된 장소라거나, 훤한 대낮이어서 음란행위를 목격할 수 있는 상태라면 공연성이 인정되기 쉽습니다.

물론 자기 집 안에서 옷을 벗고 돌아다닌다면 공연성이 인정되기 어렵습니다. 누구든지 타인의 집 안을 함부로 들여다볼 수 없기 때문입니다.

자기 소유의 '차' 안에 대해서는 공연성 인정 여부에 여러 가지 법적 공방이 있을 수 있습니다. 일반적으로 차가 있던 장소가 공원이었다면, 공연성이 인정됩니다. 다만 짙게 선탠이 된 차량이고 통행인들이 일부러 가까이서 들여보지 않는 한 내부가 보이지 않는 차량이라면 공연성이 부정될 가능성이 있습니다. 불특정 또는 다수인이 인식할 수 있는 상태라고 쉽게 단정할 수 없기 때문입니다.

이처럼 사건마다 '공연성', '음란성'이 인정되는 기준이 달라서 요건을 정확히 판단하고 억울한 부분이 있다면 적극적으로 변호해야 합니다.

형법

제245조(공연음란) 공연히 음란한 행위를 한 자는 1년 이하의 징역, 500만 원 이하의 벌금, 구류 또는 과료에 처한다.

유익한 판례 정보

공연성과 음란성은 이런 경우 인정된다.

피고인은 필리핀 참전비(동상) 앞에서 바지와 속옷을 내리고 하반신을 노출한 채 주위를 서성거린 행위가 공연음란죄에 해당한다고 보아 기소되었습니다.

대법원은 필리핀 참전비에는 알몸이거나 유방을 노출한 채로 앉은 자세, 서 있는 자세 등 다양한 자세의 여인들이, 역시 알몸이거나 성기 부위만 가린 남성들과 함께 있는 모습을 부조한 조각상이 있는데, 정면에서 바라볼 때 가로 길이가 꽤 긴 직사각형 형태의 조각상이어서 조각된 여인들과 남성들이 20명 안팎의 다수이고 그 여인들의 유방, 허벅지, 엉덩이 부위 등이 상당히 입체감 있고 도드라지게 표현되어 있었고, 피고인은 하반신을 노출한 채 필리핀 참전비 주위를 서성거렸는데 이러한 행위는 성행위를 묘사하거나 성적인 의도를 표출한 것은 아니라고 하더라도 음란한 행위를 한 것에 해당한다고 보았습니다.

또한 이 사건은 야간에 이루어진 것이지만 주위의 조명 등으로 위 참전비 앞 길은 어둡지 않았으며, 다수의 사람이 통행하고 있었고 실제 피고인의 행위를 목격한 사람들도 있었으므로 공연성 역시 인정된다고 보아 피고인의 행위가 공연음란죄에 해당한다고 판단한 사건입니다.

19

합의

술을 마셔서 정말 기억이 안 나는데, 강제추행으로
고소당했어요. 그래도 합의해야 하나요?

변호사님, 정말 답답하고 절박한 마음인데 변호사님께서 유튜브도 찍으시는 거 보고 질문 보냈어요. 얼마 전 친구들과 술을 마셨는데, 제가 술에 취해서 몸을 제대로 가누지 못했어요. 친구들이 자취방에 겨우 데려다 주었거든요. 그런데 옆자리 앉은 친구를 강제추행 하였다고 고소당했어요. CCTV 영상에는 옆에 있던 친구의 허벅지를 만진 것처럼 보이기도 하는데 잘 모르겠고요. 영상 속에서 친구도 딱히 저를 뿌리치거나 하는 모습은 없었는데 강제추행이 성립하나요? 만약 성립한다면, 반드시 합의해야 할까요?

강제추행죄는 폭행 또는 협박으로 상대방을 추행할 때 성립하는데, 최근 빈번하게 문제 되는 강제추행이 바로 '기습추행'입니다.

위 사례에서는 술에 취해 몸을 제대로 가누지 못하는 상황에서 우연히 행위자 역시 의도는 달랐다고 하더라도, 그렇게 알몸 상태로 돌아다니는 것은 음란한 행위라고 인식할 수 있었고 우연히 발생한 신체접촉일뿐 추행의 고의가 없다고 주장하여 억울함을 호소할 수 있을지가 문제였습니다.

법률적으로 고의는 "구성요건적 사실을 인식하고 그 사실대로 실현하려는 의사"라고 정의하는데, 쉽게 말해 행위자가 '어떤 행위를 한다'고 마음먹고 행동을 하면 고의가 있다고 봅니다.

이때 행위자가 '이렇게 행동하면 성범죄다'라고 생각한 다음 행동할 것을 요구하는 것은 아닙니다.

'친구의 허벅지를 만져야지'라고 마음먹고 허벅지를 만졌다면 추행의 '고의'가 있었다고 해석하는 것입니다.

술을 마셔서 기억이 나지 않는다는 이유로 고의가 부정될까요?

아닙니다.

술을 마셔서 기억이 나지 않는 것과 행위 당시에 상대방의 신체를 만지는 고의가 있었다는 것은 다른 개념이기 때문에 고의가 부정되는 것은 아닙니다.

다만 내 몸을 제대로 가누지 못할 정도로 과음하였고, 이미 비틀비틀하는 상황에서 나의 손이 친구의 허벅지를 스친 것에 불과했다는 것을 증명한다면 고의 자체를 부정할 수 있습니다.

합의해야 하는 이유가 있을까요?

합의는 피해자에게 용서받았다는 의미입니다.

판사나 검사가 '선처'를 내릴 때는 여러 가지 요소를 고려하는데 그중 가장 중요한 요소가 피해자로부터 용서를 받았는지 여부입니다.

합의하고 합의서를 작성할 때 피해자가 용서했고 더이상 처벌을 원하지 않는다는 처벌불원의사를 기재하는 중요한 이유이기도 합니다.

일반적으로 합의가 이루어지면 법원이나 수사기관은 피해자와 합의한 정도에 따라 선처해줍니다.

실무상 어떤 범죄인지, 해당 범죄의 합의금 평균 액수는 얼마인지 (실제로 평균 금액이라는 것은 없고, 담당 수사기관이 어느 정도를 평균적으로 인지하고 있는지가 핵심입니다) 실제 지급한 합의금 액수는 얼마인지 등을 종합적으로 고려하여 선처 수준이 결정됩니다.

❗ 합의 시 주의하세요.

피해자와 합의하면 선처받기 유리합니다.

그러나 피해자의 주소나 사무실 등을 안다고 하여 무작정 찾아가면 안 됩니다. 오히려 그런 경우 피해자를 위협하는 행동으로 보여 2차 가해가 문제될 수도 있고, 스토킹 범죄 혐의가 추가될 수 있어요.

피해자 역시 가해자가 반성하는 기색 없이 합의만 요구한다면 합의는커녕 가해자에 대한 더욱 강도 높은 처벌을 요구하게 될 것입니다. 피해자는 이러한 내용을 담은 '엄벌탄원서'를 수사기관이나 재판부에 낼 수도 있습니다. 피해자의 엄벌탄원서가 제출된다면 수사기관이나 재판부는 가해자의 죄질을 안 좋게 볼 것이고 가해자가 공탁제도를 활용한다고 하더라도 양형에 도움이 될 가능성이 작아집니다.

20

사과와 자백의 상관관계

미안하다고 하는데, 자백에 해당하나요?

Q

친구들이랑 술 먹고 친구 자취방에서 잠들었어요. 오래된 친구들이라 남녀 구별 없이 거실에서 다들 잠이 들었는데, 다음날 친구한테 왜 자기 엉덩이를 만졌냐며 전화가 오더라고요. 강제추행이라고 하는데, 저는 솔직히 그런 기억이 없는데 잠결에 스쳤나 싶어 정말 진심으로 사과했어요. 하지만 결국 경찰에 고소했고, 경찰은 미안하다고 한 걸 보니 자백한 거 아니냐고 추궁해요. 전 어떻게 해야 하죠?

형법에서 고의란, '문제 되는 행위를 인식하고 그 행위를 실행에 옮길 의지'라고 할 수 있습니다.

쉽게 말해서, '아, 저 사람의 엉덩이를 만져야지'라는 행동을 인식하고 실제로 옮기는 마음이라고 이해하면 됩니다.

형법은 원칙적으로 고의를 가진 행위만을 처벌합니다. 다른 사람과 부딪혔는데 우연히 그 사람의 가슴부위를 쳤다고 해서 강제추행이라고 하는 건 불합리하겠죠.

문제는, '고의'라는 것은 결국 행위자 내심의 의사이기 때문에 법원이나 수사기관이 행위자의 고의를 밝혀내기가 어렵다는 점입니다.

그래서 실무적으로는 행위자의 말과 행동, 당시의 상황 등을 종합적으로 고려하여 혐의자에게 고의가 있었는지를 판단합니다. 그래서 우발적이거나 비의도적으로 발생한 사건이라는 점이 밝혀진다면 고의가 없다고 보아 혐의를 벗을 수 있습니다.

사과 = 자백 ? '사과'가 법적으로 가지는 의미는 무엇인가요?

혐의자가 범죄사실이나 자기의 형사책임을 인정하는 진술을 자백이라고 합니다.

자백은 혐의자의 범죄사실을 뒷받침하는 유력한 '증거'가 됩니다. 하지만 자백이나 자신에게 불리한 사실을 말하기는 결코 쉬운 일이 아니므로 '임의성' 있는 자백인지가 중요합니다. 고문, 폭행, 협박에 의해 자백했다면, 그 자백은 진실이라고 믿기 어려워 증거로 사용할 수 없습니다.

한편 '사과'는 자백과 구별되는 개념이지만, 상대에게 사과한다는 것은 자기 잘못을 인정하는 전제하에 하는 경우가 많아서 자백으로 보일 수 있습니다.

따라서 어떤 상황에서 어떤 뉘앙스와 표현을 사용하여 사과했는지에 따라 자백으로 비칠 수도 있습니다. 특히 성범죄 사건에서는 상대가 화를 내거나 따지면 사실관계를 생각해보기도 전에 사과부터 건네는 경우가 많아서 불리한 요소로 작용하거나 조사과정에서 오해받을 수 있습니다.

저희 의뢰인은 자신이 잠결에 그러한 스킨십을 하였는지 기억조차 없었지만, 여러 사람이 모여서 자다 보니 불쾌한 스킨십이 발생했을 가능성이 있다고 생각하였습니다.

오랜 기간 친하게 지내온 고소인이 거짓말을 했을 리 없다고 믿은 의뢰인은 기억나지 않지만, 고소인 주장대로 그러한 신체적 접촉이 있었다면 미안하다는 취지의 사과를 하였던 것입니다.

조사과정 중, 의뢰인이 한 사과는 일종의 도의적인 책임을 부담하는 사과이고, 사과 전후 상황, 태도 등을 파악하여 자백과 다르다는 점을 소명했지만, '내심의 의사'를 밝혀야 해서 정말 쉽지 않은 일이 없습니다.

형사 사건에 연루될 수 있는 상황에서의 사과는 주의하셔야 하며 상대방에게 어떤 이유로, 어떤 부분에 대하여 사과하는지를 분명히 밝히는 것이 좋습니다.

궁금함을 해소하는 Q & A

Q 합의하면 민사소송은 제기할 수 없나요?

A 일반적으로 피해자와 가해자 사이에 합의서를 작성하면 민사소송을 제기하지 않는다는 취지의 내용을 담습니다. 그러면 피해자는 더 이상 가해자에게 범죄사실과 관련하여 민사상 책임을 물을 수가 없습니다. 소송 자체는 제기할 수 있지만, 합의를 위반한 것이 되어 승소할 수 없지요. 다만 피해자와 가해자는 "민사상 책임을 묻지 않는다"라는 내용 없이 형사처벌을 원치 않는다는 처벌불원의 의사표시만 기재하여 합의를 진행할 수도 있습니다. 그래서 합의서 문구가 매우 중요하게 다뤄지는 것입니다.

합의서 필수 문구 예시

피해자는 이 사건과 관련하여 피의자(피고인)에게
더 이상 민·형사상의 책임을 묻지 않기로 한다.

Q 신상정보 등록은 누구나 해야 되는 걸까요?

A 신상정보 등록대상자는 성폭력처벌법 제42조 제1항에 의해 규정돼 있습니다. 위 법률이 규정하는 등록대상 성범죄 혐의에 관하여 ①유죄판결이나 약식명령이 확정된 사람 ②신상정보 공개명령이 확정된 사람이 신상정보 등록대상자가 되고(성폭력처벌법 제42조 제1항 본문) 법적으로 무조건 부과되는 처분입니다. 다만 '성적 목적을 위한 다중이용장소 침입행위', '통신매체를 이용한 음란행위', '아동·청소년성착취물 소지, 시청' 등 범죄로 벌금형을 선고받은 사람은 신상정보 등록대상자에서 제외됩니다.

Q 성범죄자가 되면 무조건 신상정보 공개 대상이 되나요?

A 법원은 다음의 사람에 대하여 판결로 위에 등록된 공개정보를 20년 동안 정보통신망을 이용하여 공개하도록 하는 명령을 등록 대상 사건의 판결과 동시에 선고해야 합니다(성폭력처벌법 제47조 제1항 및 청소년성보호법 제49조 제1항). 다만, 피고인이 아동·청소년인 경우, 그 밖에 신상정보를 고지하여서는 아니 될 특별한 사정이 있다고 판단하는 경우에는 공개하지 않을 수 있으므로 실무적으로 중한 범죄에 한하여 공개 명령을 하는 것이 실무입니다.

1. 아동·청소년 대상 성범죄를 저지른 사람
2. 성폭력처벌법 제2조 제1항 제3호·제4호, 제2조 제2항(성폭력처벌법 제2조 제1항 제3호·제4호에 한정함), 제3조부터 제15조까지의 범죄를 저지른 사람

3. 1. 또는 2.의 죄를 범하였으나 형법 제10조 제1항에 따라 처벌할 수 없는 사람으로서 1. 또는 2.의 죄를 다시 범할 위험성이 있다고 인정되는 사람

Q 기소유예를 받았는데 전과가 남는 걸까요?

A **기소유예란** 피의사건에 관하여 범죄의 혐의가 인정되고 소송조건이 구비되었으나 범인의 연령, 성행, 지능과 환경, 범행의 동기, 수단과 결과, 범행 후의 정황 등을 참작하여 공소를 제기하지 아니하는 불기소처분을 의미합니다(형사소송법 제247조). 우리가 흔히 말하는 '전과'란 형실효법에서 규정하고 있는 **'전과기록'을 의미**합니다. 그리고 전과기록은, 수형인명부, 수형인명표 및 범죄경력자료를 말합니다(형실효법 제2조 제7호). 위 3가지 명부는 벌금 이상의 형의 선고 등을 기록한 자료를 말하는데, 검사가 기소유예 처분을 하였다는 의미는 공소를 제기하여 법원으로부터 유죄의 판결을 받고 그 판결이 확정되었다는 것은 아니므로, 형의 선고 등이 존재하지 않으므로 위 3가지 명부에 기재되지 않습니다. 결론적으로 기소유예 처분은 전과기록에 남는 것이 아닙니다. 다만, 기소유예 처분 전력은 일정 기간 수사기관에서 조회할 수 있고(검찰보존사무규칙 제10조) 따라서 그 기간 중 다시 범죄를 저질러 조사를 받는 다면 이미 기소유예의 이력이 확인되기 때문에 법을 위반하는 것에 대한 경각심이 부족하다고 보아 기소유예의 선처를 기대하기 어렵습니다.

Q 전과는 영원히 지워지지 않나요?

A 결론부터 말씀드리면, 전과기록 중 수형인명부나 수형인명표는 일정기간이 지나면 삭제되지만, 범죄경력자료는 조회가 제한될 뿐 삭제되지 않습니다. 전과기록이란 수형인명부, 수형인명표 및 범죄경력자료를 말하므로 엄밀히 말하면 전과는 평생 남게 되는 것입니다. 형실효법 제4조 제1항에 의하면 "지방검찰청 및 그 지청과 보통검찰부에서는 자격정지 이상의 형을 선고받은 수형인에 대한 수형인명표를 작성하여 수형인의 등록기준지 시·구·읍·면 사무소에 송부하여야 한다."라고 규정하고 있습니다. 이렇게 송부된 것을 '수형인명표'라고 하는데, 수형인명표는 형이 실효되었을 때, 집행유예 기간이 경과한 때, 자격정지기간이 경과한 때, 일반사면·특별사면이나 복권이 있는 때에는 수형인명부의 해당란을 삭제하고 수형인명표를 폐기하도록 되어 있습니다(형실효법 제8조 제1항). 시·구·읍·면에서 피고인(피의자)에 대한 범죄경력을 조회하는 것을 신원조회라고 하는데, 수형인명표가 삭제된 경우에는 신원조회회보에도 범죄기록이 나타나지 않습니다. 이를 일반적으로 전과기록이 말소되었다고 합니다. 다만, 수형인명표가 삭제되더라도 수사 과정상 작성되는 수사자료표(형실효법 제2조 제4호)에는 삭제되지 않기 때문에, 추후 다른 범행으로 조사를 받을 경우에는 수사자료표에 그 기록이 남아 있어 불이익을 입는 상황이 발생하기도 합니다. 특히 형실효법 제2조 제8호에 의하면 "범죄경력조회란 수형인명부 또는 전산 입력된 범죄경력자료를 열람·대조 확인하는 방법으로 신원 및 범죄경력에 관하여 조회하는 것을 말한다."라고 규정하고 있고, 형실효법에서는 범죄경력자료를 삭제하는 규정은 없

습니다. 즉 수형인명부에서 삭제돼도 범죄경력자료는 그대로 남아
서 범죄경력조회를 하면 오래전 사건이라도 조회가 됩니다.

Q 디지털 포렌식 조사를 받으면 모든 게 복구되나요?

A 전부 다 복원되는 것은 아니며 휴대폰 기종에 따라 차이가 발생
합니다. 다만, 디지털 포렌식 기술력이 발전하면서 사진이나 영상
을 단순 삭제하거나 공장 초기화한 경우라면 복원될 가능성이 있
습니다.

Q 거짓말 탐지기 조사에 응하는 게 맞는 걸까요?

A 대법원 2005. 5. 26. 선고 2005도130 판결이 거짓말 탐지기
에 관하여 판시한 내용은 다음과 같습니다. ① 거짓말을 하면 반
드시 일정한 심리상태의 변동이 일어나야 하고, ② 그 심리상
태의 변동은 반드시 일정한 생리적 반응을 일으켜야 하며, ③
그 생리적 반응에 의하여 피검자의 말이 거짓인지 아닌지가 정
확히 판정될 수 있다는 전제 요건이 충족되어야 합니다. ④ 특
히 생리적 반응에 대한 거짓 여부의 판정은 거짓말 탐지기가
위 생리적 반응을 정확히 측정할 수 있는 장치여야 합니다. 또
한 ⑤ 검사자가 탐지기의 측정내용을 객관성 있고 정확하게 판
독할 능력을 갖춘 경우라야 합니다. 한편, 거짓말 탐지기의 검
사결과가 위에서 들고 있는 요건을 갖추어 증거능력이 인정되

는 경우라 할지라도 거짓말 탐지기 검사 결과는 검사받는 사람의 진술 신빙성을 헤아리는 정황증거의 기능만 가질 뿐입니다. 성범죄의 경우 피해자의 진술이 유일한 증거가 되는 경우가 많으므로, 피의자는 혐의를 부인하기 위하여 피해자의 진술과 반대되는 자신의 진술에 대한 신빙성을 강화하기 위해서 거짓말 탐지기 검사에 응하는 경우가 있습니다. 한편 피해자 역시 자기 진술의 신빙성을 강화하기 위하여 거짓말 탐지기 검사에 응하기도 합니다. 그런데, 거짓말 탐지기 검사는 진실을 말해도 진술 당시의 심리나 신체 상태에 따라 거짓 반응이 나올 수 있어서 자기 진술의 신빙성을 약화시키고 실질적으로 유죄의 증거로 활용될 수 있는 데다가 정확도가 담보되는 것은 아니므로 신중히 임해야 합니다. 변호사가 선임되지 않은 상황에서 섣불리 거짓말 탐지기 검사에 응하는 것은 방어권 행사 차원에서 바람직하지 않습니다.

Q 탄원서나 반성문이 많으면 많을수록 좋은 건가요?

A 무조건 많다고 좋은 것은 아닙니다. 반성문의 경우 참회와 사과, 앞으로의 다짐 등의 내용이 담기는데, 단순히 양의 과다보다 얼마나 진지하게 자신의 심정을 담았는지가 중요합니다. 물론 이러한 내용은 진지할수록 길어지는 것이 보통입니다. 탄원서도 피의자/피고인과 탄원인과의 관계, 장래 범죄를 다시 저지르지 않을 것이란 소명의 설득력 여부가 단순히 양이 많고 적음보다 중요합니다.

Q 피해자가 고소를 취하했는데 왜 사건이 진행되나요?

A 고소는 수사 개시의 단서입니다. 따라서 수사기관은 고소를 통해 혐의를 인지하면 수사를 개시합니다. 여러 범죄 중 친고죄는 고소가 있어야 공소를 제기하여 형사재판이 가능하므로, 기소 전 피해자의 고소 취하가 있는 경우 형사소송법 제327조 제2호에 해당하여 공소기각 판결이 선고됩니다. 대표적인 친고죄는 모욕죄를 들 수 있습니다. 그런데 성범죄의 경우 2013년 법률 개정으로 더 이상 친고죄가 아닙니다. 따라서 2013년 이후에 범한 성범죄는 피해자의 고소취소가 있어도 사건 진행에 영향이 없고 정상 자료나 양형 사유로 활용될 뿐입니다.

Q 형사사건이 접수되면 제가 다니는 회사로 통보되나요?

A 아니오. 수사기관이 직접 회사에 연락하는 것은 직장에 피해자가 있거나 증거 서류가 있는 경우 또는 공무원인 경우 등 예외적인 경우에 한합니다. 수사기관도 개인정보보호법상 개인정보처리자로서 이러한 경우가 아닌 한 형사사건이 접수되었다는 내용을 제3자에게 알리면 개인정보보호법 위반에 해당합니다. 다만 공무원, 교육공무원 등 특수한 지위에 있다면 해당 소속 기관으로 통보되므로 정말 신중하게 수사에 임하셔야 하고 그렇지 않으면 징계사건까지 제대로 대응하지 못하게 됩니다.

동광 변호사가 설명하는 법률상식

 동광 변호사가 알려주는
범죄가 되는 행위, 범죄구성요건의 해석

폭행

사람의 신체에 대한 유형력의 행사를 가리키며 그 유형력의 행사는 신체적 고통을 주는 물리력의 작용

☑ 피해자가 가해자로부터 반드시 '맞을 것'을 요구하는 것은 아닙니다. 가해자가 피해자 쪽으로 상체를 숙이고 오른손을 모아 피해자의 귀에 밀착하여 고함을 지르는 행위를 한 경우도 "공간적"으로 피해자에게 근접하여 "오른손을 모아 고함을 질러" 피해자가 고통스러워한다면 폭행에 해당한다고 볼 수 있습니다.

☑ 단, '강간죄'에서 말하는 폭행은 그 정도가 더 심해야 합니다. 반항이 불가능할 정도로, 항거불능에 이르는 폭행을 행사하여 간음하였을 때 강간죄가 성립하고 단순히 유형력을 행사하였다는 것만으로는 부족합니다.

협박

일반적으로 보아 사람으로 하여금 공포심을 일으킬 수 있는 정도의 해악을 고지하는 것

☑ 피해자가 실제로 공포심을 느꼈는지는 판단하지 않고, 사회 통념상, 일반적으로 누구나 공포심을 일으킬 수 있는 정도라면 협박에 해당합니다. 심지어 채권자가 채무자에게 돈을 갚으라고 이야기하면서, '돈을 안 갚으면 네 가족을 다 인천 앞바다에 묻어버리겠다'라고 했다면 아무리 채권자라도 사회의 관습이나 윤리 관념 등에 비추어 사회 통념상 용인할 수 있는 정도라 할 수 없고 정당한 목적을 위한 상당한 수단에도 해당하지 않기 때문에 협박에 해당합니다.

간음

남성의 성기가 여성의 성기 속에 삽입되는 행위

☑ 개념적으로 살펴보면 남성만이 간음을 저지를 수 있어 보이지만, 잠이 든 상태의 남성의 성기를 잡고 여성이 직접 자기 성기 속에 남성의 성기를 삽입시켜도 간음에 해당할 수 있습니다. 그러므로 우리 법률상 간음하여 강간죄 등을 저지르는 주체는 남녀노소를 가리지 않고 인정됩니다.

추행

객관적으로 일반인에게 성적 수치심이나 혐오감을 일으키게 하고 선량한 성적 도덕관념에 반하는 행위로서 피해자의 성적 자유를 침해하는 행위

☑ 가해자의 기준에서 성적 수치심을 느낄 만한 행동이라 판단되지 않더라도, '일반적으로' 성적 수치심을 느끼거나 혐오감을 일으키게 한다고 판단될 정도의 행위면 인정됩니다. 예를 들어 친근감을 표현하고자 팔짱을 끼면서 상대방의 팔을 끌어안았다면 추행으로 볼 수 있습니다.

기습추행

폭행 행위 자체가 추행인 행위

☑ 일반적으로 '강제추행'이란 폭행(일반적인 폭행보다 더 강한 의미의 유형력을 행사한 경우를 의미하며 반항이 불가능한 정도를 요건으로 합니다)이나 협박을 구성요건으로 하는데, 강제추행에서 인정되는 폭행보다는 행위의 강도가 덜하지만, 갑자기 기습적으로 유형력을 행사하였고 그 유형력 행사 자체가 '추행'의 행위에 해당하면 실질적으로 방어가 어렵기 때문에 동등하게 추행으로 인정합니다. 예를 들어 길을 가다가 갑자기 피해자의 가슴을 움켜쥔 사건에서, 원래라면 피해자가 그 힘의 세기에 대항할 수 있는 정도지만 기습적으로 추행을 하여 피해자는 전혀 방어가 어려워진 경우에 '기습추행'에 해당하고 형사상 '강제추행죄'를 구성합니다.

유사성행위

구강, 항문 등 신체(성기는 제외)의 내부에 성기를 넣거나, 성기, 항

문에 손가락 등 신체(성기는 제외)의 일부 또는 도구를 넣는 것

☑ 형법에서는 '유사강간죄'를 규정하는데, '간음'에는 해당하지 않지만, 상대의 동의 없는 유사성행위는 '강간'에 준하는 행위라고 보아 '유사강간죄'로 처벌받습니다.

음란

사회 통념상 일반 보통인의 성욕을 자극하여 성적 흥분을 유발하고 정상적인 성적 수치심을 해하여 성적 도의관념에 반하는 것

☑ 단순히 '야하다', '저속하다'는 느낌을 주는 정도를 넘어 사람의 존엄성과 가치를 심각하게 훼손·왜곡하였다고 평가할 수 있을 정도로 노골적으로 사람의 특정 성적 부위 등을 적나라하게 표현 또는 묘사할 때 음란하다고 표현됩니다.

특수

특수강간 등 일반적으로 잘 알려진 범죄명 앞에 '특수'가 붙었다면 ① 위험한 물건을 소지하고 있었는지 ② 범행을 저지른 사람이 1명이 아닌 2명 이상인지 등을 면밀하게 살펴보아야 합니다.

1. 위험한 물건

흉기는 아니라고 하더라도 널리 사람의 생명, 신체에 해를 가하는 데 사용할 수 있는 일체의 물건을 포함

2. 흉기

본래 살상용 · 파괴용으로 만들어진 것으로 그 목적 자체가 일상
생활에 활용하는 것을 본래의 목적으로 하는 위험한 물건은 해
당하지 않음

☑ 가위, 유리병, 각종 공구, 자동차, 화학약품, 사주된 동물 등은 본래 살상
용, 파괴용을 위하여 만들어진 것이 아니므로 흉기가 아닌 위험한 물건에
해당합니다.

3. 합동

주관적 요건으로서의 공모와 객관적 요건으로서의 실행행위의
분담이 있어야 하고 그 실행행위에 있어서는 시간적으로나 장소
적으로 협동 관계에 있는 것

☑ 다수의 범죄자가 함께 범행을 저지르기로 약속하고, 한 사람은 주변에서
망을 보고 다른 한 사람은 피해자를 강간하는 것처럼 '범죄의 협력'이 있
는 경우라고 이해하면 됩니다.

성착취물

아동 · 청소년 성착취물이란 아동 · 청소년이 출현하거나 혹은 아
동· 청소년으로 명백하게 인식될 수 있는 사람이나 표현물이 등
장하여 성행위, 유사성행위, 신체의 전부 또는 일부를 접촉 및
노출하는 등의 행위로 일반인의 성적 수치심이나 혐오감을 일으
키는 행위

☑ 성인 배우가 연기를 하더라도 아동 · 청소년처럼 보인다면 아동청소년성
보호에관한법률의 적용을 받는 아동 · 청소년 성착취물에 해당할 수 있습

니다. 건전한 성 관념을 확립하기 위한 취지로, 대표적으로 성인 배우가 교복을 입고 마치 청소년인 양 행동하는 경우에는 '청소년으로 명백히 인식될 수 있는 사람'으로 볼 수 있어 아동·청소년 성착취물에 해당할 수 있습니다.

배포

출판물을 널리 나누어주는 것
- ✔ 성착취물을 배포한 사람은 엄벌에 처하는데, 아동·청소년의 성착취물을 배포하면 '영리 목적'으로 배포하였을 때 더 강하게 처벌되고 친구들 사이에 '공유'하는 행위를 하더라도(영리 목적이 없어도) 처벌 대상이 됩니다.

심신상실 또는 항거불능 상태

자기가 어떤 행동을 하는지 인식하거나 책임질 수 없을 정도로 정신적 능력을 잃은 상태 또는 반항이 불가능한 상태
- ✔ '준강간', '준강제추행' 등의 범행에서 필요한 범죄요건으로 피해자가 술에 취해 잠이 들었다면 실제로 자기 의사를 표현하기가 불가능하고 정상적인 사고도 이루어지지 않는데 이러한 상황을 이용하여 범행을 저지르면 엄하게 처벌됩니다.

위계

행위자의 행위 목적을 이루기 위하여 상대방에게 오인, 착각, 부지를 일으키게 하여 그 오인, 착각, 부지를 이용하는 것을 말하는 것

☑ '속이는 행위'입니다. 다만 성범죄에서 어떤 것을 속였는지에 따라 '위계'의 요건이 인정될 수도 있고 인정되지 않을 수도 있어요. 예를 들어 피해자는 '성행위'를 할 것이라고는 전혀 생각하지 않았는데 이를 속였으면 '위계'가 인정되지만, '성행위'를 하면 100만 원을 준다고 하였는데 막상 이를 주지 않았다면 위계에 의한 성범죄를 저질렀다고는 평가되지 않습니다. '성행위'를 하는 것에 대해서는 속이지 않았기 때문입니다.

위력

사람의 자유의사를 제압·혼란케 할 만한 일체의 세력
☑ 다수가 범행을 시도하거나(물리력) 경제적·사회적으로 더 높은 지위에 있는 사람이 자신의 권력 등을 이용하여 피해자가 행위를 할지 말지 결정하는 자유의사를 펼치지 못하게 한 경우에 위력의 요건을 갖추었다고 합니다.

상습성

범행을 반복하여 저지르는 습벽
☑ 상습성은 동일한 범행을 계속해서 저지르는 습성을 의미하는데, 반복된 범행 횟수가 구체적으로 정해진 것은 아니고 동종 전과가 있는지, 범행의 횟수, 범행 기간, 동기나 수단 그리고 방법 등을 모두 고려해서 상습성을 인정합니다. 상습성이 인정되면 가중처벌 되기 때문에 엄격하게 판단되어야 하는 요소입니다.

❶ 소년사건이란

소년법은 소년의 비행 사실에 관한 법적 판단이 성인과 다르게 이루어져야 한다고 보고, 환경 조정과 품행 교정을 위한 특수한 처분인 보호처분과 형사처분에 관한 특례를 규율하고 있습니다. 이렇게 소년법에 따라 처리되는 사법절차를 실무상 소년사건이라고 부릅니다.

형사절차의 특례는 소년에게 성인과 동일한 형법을 적용하되 다만 과형을 완화하고 처우에서 약간의 우대를 한다는 내용인 반면, 보호 절차는 소년에게 행형을 내리기보다는 교육목적의 조치를 내린다는 취지의 소년사건만의 독립적인 절차로서 사실상 소년사건의 핵심이 됩니다. 따라서 아래에서는 소년보호사건 심판에 관하여 알려드리겠습니다.

❷ 대상 소년

소년법 제2조는 19세 미만인 자를 소년법상 소년으로 규정하고 있습니다. 통상적으로 형법은 행위시법으로 범죄를 저질렀을 때의 시점을 기준으로 판단하지만, 소년법의 적용을 받으려면 '보호처분 결정 시'까지 **만 19세 미만**이라는 요건이 유지되어야 하고 처분 당시 만 19세 이상인 것으로 밝혀진 경우 보호처분이 취소됩니다.

한편 형법 제9조는 만 14세 미만의 자를 **형사미성년자**, 소위 '**촉법소년**'이라고 **불리는 이들의 행위는** 처벌하고 있지 않으므로, 범죄가 성립되는 범죄소년은 만 14세 이상 만19세 미만의 자입니다. (물론 촉법소년 연령 하한 방안이 추진 중인 것은 알려진 사실이죠.)

❸ 소년보호사건의 송치

사건이 최초 접수되어 법원의 전담 재판부인 **소년부**로 보내 형사사건이 아닌 보호사건으로 처리되게 하는 절차를 소년보호사건으로의 송치라고 부르는데, 각 단계 별 경찰서장, 검사, 법원에 의하여 송치가 가능합니다.

- 경찰서장의 송치 : 경찰은 소년이 만 14세 미만이면 그 사건을 직접 관할 소년부에 송치하여야 합니다.
- 검사의 송치 : 검사는 소년의 비행 사실이 보호처분의 상당성이 있다고 인정하는 때에 사건을 소년부에 송치하여야 합니다. 보호처분의 상당성이란 소년의 건전한 성장을 위하여 형사처분보다는 보호처분이 적절하다고 인정되는 경우로, 구체적 사안에 따라 합목적적으로 판단합니다.
- 법원의 송치 : 검사가 소년부에 사건을 송치하지 않아 일반 법원에 피고인이 소년인 사건이 접수될 수 있는데, 이때에도 법원은 심리 결과 해당 사건이 보호처분에 해당할 사유가 있다고 인정하면 사건을 소년부에 송치할 수 있습니다.

④ 소년보호사건의 심판 절차

가. 조사절차

소년보호사건은 크게 조사와 심리로 구분됩니다.

심리 전 조사가 이루어지는 것이 바람직한데 법원에서 판사의 조사명령에 의하여 조사담당관이 하거나 법원 외의 소년분류심사원에 의해서 이뤄질 수도 있습니다.

나. 심리절차

소년부 판사는 사건을 심리할 필요가 있다고 인정하면 심리개시결정을 하고 심리를 개시할 수 없거나(소재 불명 등의 사유) 개시할 필요가 없으면(사안이 지극히 경미한 경우) 심리불개시결정을 합니다.

심리가 개시되면 심판기일이 지정되고 통상 그 자리에서 심리를 마치고 종국결정을 고지합니다. 심판사건에서 소년을 대리하는 변호사를 보조인이라고 하는데, 보호자와 보조인은 심리에 관하여 의견을 진술할 수 있습니다. 보호자는 반드시 소환하는 것이 좋으나 불출석해도 심리는 진행할 수 있습니다.

판사는 진술거부권을 고지하고 인정신문을 한 다음 비행 사실을 고지하고 소년의 변명을 청취하는데, 변명은 소년은 물론 보호자나 보조인도 할 수 있습니다. 비행 사실의 인정은 일반 형사절차와 같이 증거에 의하므로 판사는 증거조사를 하고 보호의 필요성에 관한 사실심리를 한 다음 최종적으로 피해자와 보호자 의견을 청취하는 것을 끝으로 종국결정을 내립니다.

❺ 의의

　소년사건은 일반사건과 다른 특수성을 가지고 있으며 보다 관대한 처분이 가능하므로 만약 범죄를 저지른 자가 소년이면 반드시 사건이 소년부에 송치 될 수 있도록 최선의 노력을 다하여야 합니다.

■ 법원실무제요 〈소년〉, 5면 발췌 – 소년사건 진행 과정

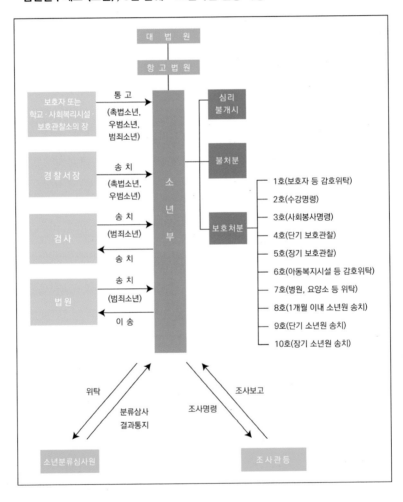

동광 변호사가 해설하는 디지털 포렌식 조사에 대비하는 방법

디지털 포렌식이란 디지털 장비에 남아 있는 정보를 복원해 이를 수사기관에서 증거로 활용하는 수사기법입니다.

구체적으로, 디지털 포렌식은 스마트폰이나 PC, 서버 등 각종 디지털 기기에 내장된 데이터에서 범죄의 증거를 찾아내는 과학수사 기법을 말하며, 노트북, 컴퓨터와 같은 PC나 스마트폰, 네비게이션, 차량용 블랙박스, CCTV, TV, 스마트워치, 디지털 도어 등 수사 대상의 디지털 흔적이 남을 수 있는 모든 전자기기가 대상이 됩니다.

범죄혐의가 있으면 수사기관은 먼저 휴대전화 등 전자기기를 확보하여 그 정보를 복원해 혐의를 입증할 증거를 찾습니다. 그런데 디지털 포렌식 과정 중 기타 범죄가 발견되거나 의도치 않은 사생활이 노출되는 등 피의자에게 불리한 문제가 발생할 가능성도 큰데요.

피의자의 방어권 보호 차원에서 변호인과 함께 참여해 충분한 조력을 받는 것이 중요합니다.

그렇다면 디지털 포렌식의 절차는 어떻게 진행될까요?

1. 수집 단계

사건 관련 전자기기에 저장된 데이터를 수집하는 과정으로 원본 데이터가 변형되는 일이 없어야(데이터의 '무결성' 필요) 증거능력을 인정받을 수 있습니다. 이를 위해 전자기기 내의 원본 데이터를 수사기관이 복제하는 '이미징 기술'이 활용됩니다.

2. 분석 단계

수집 단계에서 이미징 한 데이터에서 수사에 필요한 정보를 추출하는 단계입니다. 여러 가지 분석 기술을 이용하여 데이터를 다각적으로 해석합니다.

3. 증거 생성 단계

보고서 작성 단계는 정밀 검토를 마친 결과를 바탕으로 분석된 결과를 법정에 제출하기 위해 객관적인 보고서를 작성하는 단계입니다. 용어 설명, 객관적 설명, 결과 정리를 하여 수사와 관련된 인원이 볼 수 있도록 작성합니다.

피의자는 수사 단계부터 변호인의 조력을 받아 방어권을 행사하는 것이 중요합니다.

실제 전자기기를 임의제출 하면 경찰이 자유롭게 휴대폰 등을 들여다볼 수 있습니다. 이를 방지하기 위해 디지털 포렌식 과정에서 변호인이 참여함으로써 사생활 노출을 저지하고 추가 혐의를 최소화할 수 있습니다.

수사기관이 담당 부처에 포렌식을 의뢰하기 전에 피의자에게 디지털 포렌식 과정 참여 의사를 묻고 그 확인서(복제본 반출확인서)를 작성하여야 합니다.

그 과정은 간략하게 봉인해제, 탐색, 복제, 출력으로 이루어지며, 피의자는 **각 과정마다 참여 의사**를 밝힐 수 있습니다. 이때 변호인과 상의하에 제한된 자료만 열람하도록 할 수 있는데, 변호인은 피의자에게 억울하게 해석되지 않도록 각 파일의 연원과 속성을 들어 이를 적극 해명해야 합니다.

압수수색 과정에서 별도 다른 범죄가 발견될 경우, 변호인은 이를 제지하고 추가 수색을 위한 영장 발부를 요구하는 등 피의자는 변호인의 조력을 최대한 받을 수 있습니다. 이와 같은 이유로 포렌식 과정에 변호인의 참여가 중요한 것입니다.

① 도입 취지

형사공탁 특례 제도를 도입하여 형사사건에 있어서 피고인은 공탁서에 피해자의 인적사항 대신 공소장 등에 기재된 피해자를 특정할 수 있는 명칭이나 사건번호 등을 기재하는 방법으로 공탁을 할 수 있게 함으로써 피해자의 사생활 보호와 피해회복을 위하는 동시에 피해자의 인적사항을 모르는 경우에도 공탁할 기회를 부여하고자 함에 형사공탁 특례 제도가 신설되어 2022. 12.부터 시행되고 있습니다.

② 절차 진행

- 형사사건의 피고인이 해당 형사사건이 계속 중인 법원 소재지 공탁소에 신청할 수 있습니다.
- 법령 등에 따라 피해자 인적사항을 알 수 없다는 사실을 소명할 수 있는 서면 등을 첨부해야 합니다.
- 공탁서의 피공탁자 란에는 공소장 등에 기재된 피해자를 특정할 수 있는 명칭과 사건번호 등을 기재합니다.
- 공탁금이 납입되면, 공탁관은 법원과 검찰에 공탁 사실을 통지하고 전자공탁홈페이지 등에 형사공탁 공고를 합니다.

- 피해자가 공탁금을 출급하려는 경우 법원 또는 검찰을 방문하여 본인이 피공탁자가 맞다는 취지의 피공탁자 동일인 확인증명서를 발급받아야 합니다.
- 공탁소를 방문하여 동일인 증명서 등을 첨부하고 공탁금 출급 청구서를 작성한 후 공탁금을 출급할 수 있습니다.

■ 개정 공탁법의 대표적인 변화

관련 조문	상세 내용
토지관할(제1항)	해당 사건이 계속 중인 법원 소재지 공탁소
공탁자(제1항)	형사 피고인으로 한정(피내사자, 형사피의자는 불가)
공탁원인(제1항)	법령 등에 따라 피해자의 인적 사항을 알 수 없는 경우
피공탁자 기재(제2항)	해당 형사사건의 재판이 계속 중인 법원, 사건번호, 사건명, 조서·진술서·공소장 등에 기재된 피해자를 특정할 수 있는 명칭을 기재
공탁원인 사실 기재(제2항)	피해발생 시점, 채무의 성질을 특정하는 방식으로 기재
공탁 통지 방식(제3항)	인터넷 홈페이지 공고로 갈음
공탁물 수령 시 피공탁자 동일인 확인서면(제4항)	법원이나 검찰이 발급한 증명서에 의함

동광 변호사가 들려주는 형사사건에서 합의의 의미

합의의 사전적 정의를 찾아보면 '서로 의견이 일치함 또는 그 의견'이라고 나와 있습니다. 그렇다면 형사절차에서 통상 말하는 합의란 어떤 뜻일까요?

사실 사전적 정의와 크게 다르지 않습니다.

형사절차에서의 합의, 즉 형사 합의는 가해자와 피해자 사이에서 일정한 보상이나 피해자의 요구사항을 가해자가 이행하는 것으로 의견을 일치시키는 것을 말합니다.

그렇다면 왜 형사 합의를 할까요.

피해자에게 형사 합의는 가해자의 사죄를 받아 잘못을 용서하고 자신의 범죄 피해를 조금이나마 보상받아 일상 회복으로 나아갈 수 있는 수단이 됩니다. 또한, 민사적으로 '불법행위책임에 따른 손해배상'을 피해자가 별도의 송사 없이 지급받을 수 있다는 이점이 있습니다.

한편 가해자에게 형사 합의는 피해자의 용서로 "더 이상 처벌을 원하지 않는다."라는 의사표시를 받는 것을 의미합니다. 범죄의 처벌은 법률에 정한 법정형에서 여러 가지 사유(양형 사유란 바로 이를 의미합니다)를 고려하여 최종적으로 선고되는 선고형에 따라 집행됩니다.

그런데 대부분 범죄에서 피해자의 처벌불원 의사표시는 선고형을 정할 때 감경적 양형 인자로 작용하여 선고형을 낮추고 집행유예의 주요 참작 사유가 됩니다. 또한, 특정 범죄에서는 공소기각 판결의 필수조건입니다.

수사 단계에서도 경찰의 불송치결정이나 검찰의 불기소결정에 고려되는 중요한 요소입니다.

즉, 형사 합의는 "죄를 지은 자는 벌을 받는다"라는 응보적 정의 실현과 함께 고려돼야 할 '피해자의 회복과 가해자의 반성을 통한 사회안정'을 추구하는 회복적 정의실현의 한 모습이라고 할 수 있습니다.

따라서 형사 합의는 단순히 합의금이 많아야 쉽게 성립하는 것이 아닙니다. 오히려 가해자의 진지한 반성과 사죄를 피해자에게 전달하는 것이 형사 합의 성립에 있어 더욱 중요하다고 할 수 있습니다. 또한, 합의가 불분명하게 이뤄지면 장래 또 다른 분쟁의 불씨를 남겨서 형사 합의는 신중히 진행해야 합니다.

성범죄 사건 양형기준표

 [부록 3]
양형기준은 어떻게 적용되는 것일까

    법원은 피고인에게 유죄를 선고하기에 앞서 어떤 형을 선고할 것인지 각종 양형 인자를 점검합니다.

    즉, 법률에 '5년 이상의 징역'이라고 규정되어 있다면 이는 법률에 규정된 기준형으로서 '법정형'이 되고, 실제로 법원이 형벌을 부과하기 위하여 선고하는 '선고형'은 각종 양형 인자를 고려하여 판단합니다.

    법관은 '법정형' 중에서 선고할 형의 종류(예컨대, 징역 또는 벌금형)를 선택하고, 법률에 규정된 내용에 따라 형의 가중 · 감경을 함으로써 일정한 범위로 '처단형'을 정하며 처단형의 범위 내에서 특정한 선고형을 정하거나 집행유예 여부를 결정하는데, 이때 참고하는 기준이 바로 양형기준입니다.

양형위원회에서 제공하는 양형기준은 각 범죄에 대한 절대적인 기준이라 할 수 없고 구속력이 있는 것도 아니지만 법관이 양형기준을 벗어나면 판결문에 양형 이유를 기재해야 하므로, 합리적 사유 없이 양형기준을 위반할 수는 없습니다.

형벌은 개인의 신체적 자유, 경제적 자유 등을 직접적으로 제한하고, 나아가 생명까지 박탈하는 중대한 결과를 가져올 수 있으므로 신중해야 하는데, 죄명은 같을지라도 사안마다 참작해야 하는 요소가 천차만별입니다.

양형에 따라서 피고인의 처분이 결정되므로 적정하고 합리적인 양형은 너무나 중요하여 형사재판 전체의 공정성과 신뢰성을 확보하기 위해서 확립된 기준은 필수적입니다.

양형기준은 법관이 합리적인 양형을 도출하는 데 참고할 수 있도록 법원조직법 제8편에 따라 설립된 양형위원회가 설정한 기준입니다.

[부록 3]
양형기준표 삽입자료 PDF 첨부파일 추가 수록(양형
위원회 자료)

동광의 시선

사회적으로 이슈가 된 사건에 대한 동광 칼럼 모음

---

n번방 유료 회원, 범죄단체 가입죄로 처벌할 수 있을까?

---

n번방 사건이 국민적 공분을 사는 큰 사회적 이슈가 되면서, 법무부와 검찰은 디지털 성범죄에 대한 엄중한 처벌을 약속했다. 특히, 검찰은 운영자뿐만 아니라 적극적으로 활동한 유료 회원들에게 성범죄 혐의뿐 아니라 범죄단체가입 등의 혐의를 적용하는 법리 검토에 주력하겠다고 밝힌 바 있다.

이러한 상황에서, 검찰은 박사방 유료 회원 2명에 대하여 아동·청소년의 성보호에 관한 법률 위반 및 형법상 범죄단체가입 혐의로 구속영장을 청구하였고, 법원은 지난 26일 "주요 범죄 혐의 사실이 소명되고, 피의자들의 역할과 가담 정도, 사안의 중대성 등을 비추어 보면 증거 인멸과 도망할 염려가 있다고 인정된다."라며 구속영장을 발부하였다. 이는 성착취물 동영상 제작 유포 관련 사안에서 처음으로 관전자들을 상대로 범죄단체 가입 혐의를 적용한 것으로, 수사가 성착취물 동영상 공유방 가담자 전체로 확대될 가능성이 생긴 것이다.

필자는 검사 재직 시절 보이스피싱 조직을 검거하면서 이를 최초로 범죄단체로 의율(擬律)한 적이 있다. 보통 범죄단체라고 생각하면, 'xx파'로 지칭되는 조직폭력배 조직을 떠올리지만, 사회가 다변화되면서 폭행 협박으로 재산을 강탈하는 조직폭력배 외에도 경제범죄를 조직적으로 저지르는 새로운 유형의 범죄에도 범죄단체조직 등의 혐의를 적용할 필요성이 생겼기 때문이다.

필자는 보이스피싱 조직을 범죄단체로 의율하여 처벌하는 과정에서 검토하였던 내용과 경험을 토대로, 성착취물 동영상 공유방의 유료 회원들에게 범죄단체가입 등 혐의를 적용할 수 있을지 고민해 보았다.

형법 114조는 "사형, 무기 또는 장기 4년 이상의 징역에 해당하는 범죄를 목적으로 하는 단체 또는 집단을 조직하거나 이에 가입 또는 그 구성원으로 활동한 사람은 그 목적한 죄에 정한 형으로 처벌한다"라고 규정되어 있다. 따라서, 박사방, n번방을 아동음란물 제작 등의 범죄를 목적으로 한 단체로 판단할 경우, 유료 회원 중에서도 활동 내용에 따라 아동음란물 제작 등의 혐의에서 정한 형벌(최대 무기징역)'로 처벌할 수 있게 된다.

기존의 판례에 의하면 범죄단체가 되기 위해서는 몇 가지 요건이 필요한데, 그 첫째는 목적성이고, 둘째는 단체성이며, 셋째는 계속성으로, 최종적으로는 법원이 이 요건들을 종합해서 범죄단체 여부를 판단한다.

조주빈 등 주범의 범죄사실에는 성착취물 동영상 제작 과정에서 협박이나 상해 등이 포함된 것으로 보이고, 만약 조주빈이 위계질서 있는 조직을 만들이 위와 같은 범행을 하였다면 범죄단체에 해당될 여지가 있다. 그러나, 조주빈 등이 운영한 조직을 범죄단체로 본다고 하더라도 문제는 유료 회원들인데, 회원가입을 '범죄단체의 가입'이라고 볼 수 있을지는 별도로 판단이 필요한 문제이다.

그 이유는 첫째 기존의 판례에 의할 때 일단 회원과 조주빈의 관계가 상명하복의 관계가 있어야 조주빈을 수괴(首魁)로 보고, 회원을 부하인 행동대원으로 볼 수 있어야 하는데, 과연 그런 관계로 판단할 수 있는지 사실관계가 확인돼야 한다. 만일 상하관계가 아니라면 법률적 다툼이 있을 수 있다.

둘째 범죄단체의 조직원은 가입 탈퇴가 자유롭지 않아야 하는데 일반적으로 유료 회원들은 자유롭게 회원 탈퇴가 가능하므로 이런 경우까지 범죄단체에 가입한 것으로 평가할 수 있을지 의견이 엇갈릴 수 있다.

따라서, 단순히 유료 회원이라는 이유만으로는 범죄단체가입 혐의로 기소하는 것은 향후 지나친 유추해석이나 확장해석에 해당한다는 비판이 있을 수 있다

하지만 단순한 관전자의 범위를 넘어서는 행위, 예를 들면 적극적으로 주범에게 어떤 영상을 보여 달라고 주문하였거나, 회원으로 가입된 기간이 오래됐거나, 다른 회원들을 적극적으로 유치한 경우 또는 적극적으로 의견을 내면서 사이트 운영에 개입하였다고 볼 여지가 있는 경우 등 종합적으로 볼 때 성착취물 동영상 공유방 운영과 직간접적으로 관련 있는 행위를 했다면 해당 유료 회원이 범죄단체에 가입한 것으로 평가될 수도 있다.

위 박사방 유료 회원 2명에게 범죄단체 가입 혐의를 적용한 것에 대해 현재 법조계에서도 찬반 의견이 분분한 것으로 알고 있다. 검찰이 범죄단체 가입 혐의의 성립 범위를 기존의 태도보다 확장 해석해 관전자들을 기소하면 앞으로 재판과정에서 많은 법률적 공방이 예상된다.

이런 논란은 최종적으로는 대법원의 판단이 있고 난 뒤에야 종식될 수 있을 것으로 보인다.

최근 들어 이루다, 알페스, 딥페이크에 대한 논의가 뜨거운 감자다. 처음에는 AI 챗봇인 '이루다'에 대한 성적 대상화가 사회적으로 문제 됐다가 불씨가 '알페스'나 '딥페이크'로 옮겨갔다. 위 논의는 국민청원 게시판에 "미성년 남자 아이돌을 성적 노리개로 삼는 '알페스' 이용자들을 강력히 처벌해주세요.", "여성 연예인들을 고통받게 하는 불법 영상 '딥페이크'를 강력히 처벌해주세요."라는 글이 게재되고, 하태경 국민의힘 의원이 '알페스 제작·유포자 처벌법'을 대표 발의하면서 더욱 공론화되었다.

이런 상황에서 이루다, 알페스, 딥페이크에 대한 주관적 판단은 배제하고, 오로지 법률적인 시각으로 현행법상 처벌 가능성이 있는지 검토할 필요성이 있다.

우선, 이루다란 인공지능(AI) 챗봇으로, '연애의 과학'이라는 애플리케이션으로 수집한 카카오톡 대화 약 100억 건을 데이터로 삼아 개발된 시스템이다. 그러나 20대 여대생으로 설정된 이루다에 대해 일부 커뮤니티에서 '이루다를 성노예로 만드는 법'과 같은 게시물이 올라오면서 이루다에 대한 성희롱이 사회적으로 문제 되었다.

이루다에게 성희롱을 하면 처벌받을까? 법무법인 동광 민경철 변호사는 "결론부터 말하면 현행법상 어렵다. 일반적으로 처벌을 받으려면 상대방이 원하지 않는 성적인 말이나 행동을 하여 상대방에게 성적 굴욕감이나 수치심을 느끼게 하는 행위여야 하는데, 이루다는 AI라서 성적 굴욕감이나 수치심을 느끼는 대상에 해당하지 않기 때문이다."라고 밝혔다. 그렇다면 실존 인물을 대상으로 하는 알페스나 딥페이크는 어떨까? 알페스는 Real Person Slash의 약자로, 실존 인물을 소재로 허구의 애정 관계를 다룬 글이나 그림 등의 창작물을 말한다. 이는 소위 '아이돌 팬픽 문화'에서부터 유래하는데, 노골적인 표현이나 지나친 성적 묘사, 심지어 성폭행을 소재로 삼아 문제 된 바 있다.

민경철 변호사는 "현행법상 시청자 또는 소지자에 대한 처벌은 성착취물의 정의를 어떻게 해석하느냐에 따라 의견이 분분하지만, 제작자 또는 유포자에 대한 처벌 가능성은 존재한다. 만약 알페스의 수위가 음란물에 해당할 정도라면 정보통신망법상 음란물유포죄에 해당한다. 정보통신망 이용촉진 및 정보보호 등에 관한 법률 제74조 제1항 제2호, 제44조의7 제1항 제1호에 따르면, 음란한 부호·문언·음향·화상 또는 영상을 배포·판매·임대하거나 공공연하게 전시한 자는 1년 이하의 징역 또는 1천만 원 이하의 벌금에 처하기 때문이다. 반면 알페스의 수위가 음란물에 해당하지 않아도 당사자인 연예인이 제작자나 유포자를 모욕죄 등으로 고소한다면 처벌받을 수 있다. 다만, 팬픽 문화의 일부로 보는 시각이 있어서 당사자가 실제로 고소를 진행할지는 의문이다."라고 말했다.

반면 딥페이크는 어떨까. 딥페이크는 인공지능기술을 활용해 기존에 있던 인물의 얼굴이나 특정한 부위를 합성한 영상편집물을 말한다. 이는 연예인뿐만 아니라 일반인의 얼굴이 합성되는 경우가 있어서 많은 문제가 되었다. 이에 대해 최근 성폭력처벌법의 개정으로 제작자나 유포자에 대한 처벌 규정이 마련되었다. 법무법인 동광 민경철 변호사는 "성폭력범죄의 처벌 등에 관한 특례법 제14조의2에 따르면, 사람의 얼굴·신체 또는 음성을 대상으로 한 촬영물 등을 대상자의 의사에 반하여 성적 욕망 또는 수치심을 유발할 수 있는 형태로 가공한 경우 또는 위 가공물을 반포한 경우 5년 이하의 징역 또는 5천만 원 이하의 벌금에 처한다. 다만, 이를 단순히 시청하거나 소지하는 경우에 대한 처벌규정은 없다."라고 설명했다.

이처럼 이루다, 알페스, 딥페이크가 이슈화되면서, 디지털 성범죄에 대한 국민적 공감대 형성과 공백 없는 촘촘한 입법의 필요성이 여실히 드러났다. 무의미한 젠더갈등에 치중하기보다는 바람직한 인터넷 성문화 확립과 실제 피해자보호에 더 집중할 때다.

성인 간의 교제 중 가장 빈번하게 발생하는 사건이 바로 데이트 폭력이다. 특히, 데이트 폭력은 연인이라는 관계하에 폭력 범죄는 물론 성범죄까지 이어질 수 있어 각계각층에서 입을 모아 더욱 엄벌해야 한다는 의견들이 나오고 있다. 특히 최근 강제추행죄 요건을 '성인지 감수성' 기준으로 판단하고 있는 상황에서, 더 이상 과거처럼 쉬쉬하는 시각으로만 바라봐선 안 된다는 것이 대다수의 의견이다.

법무법인 동광 민경철 대표 변호사는 "실제로 아파트 앞 휴식 공간에서 전 여자 친구인 피해자의 어깨를 잡아 흔들며 폭행하고 아파트 여자 화장실에 들어간 피해자를 여자 화장실 용변 칸으로 밀어 넣고 양손을 잡아 움직이지 못하게 한 이후 입맞춤하는 사건이 있었다. 이는 '제11조 공중 밀집 장소에서의 추행으로 대중교통수단, 공연 집회 장소, 그 밖에 공중이 밀집하는 장소에서 사람을 추행한 사람은 3년 이하의 징역 또는 3천만 원 이하의 벌금에 처한다'에 해당할뿐더러, '제12조 성적 목적을 위한 다중이용장소 침입행위에도 해당된다."고 밝히며 "의뢰인은 피해자와 사귀던 사이로서 피해자가 헤어지자고 하자 피해자와의 관계를 회복하고 싶은 마음에 찾아갔다가 충동적으로 이 사건에 이르렀다. 의뢰인은 그 날을 깊이 후회하고 반성했지만, 만약 피해자에게 용서받지 못한다면 이제 막 성인이 된 의뢰인에게는 평생 큰 오점을 남길만한 사안이었다."고 돌아보았다.

민경철 변호사는 "조사 전 아파트 CCTV 등의 자료를 확보하고 분석한 결과, 여자 화장실 침입 및 죄가 확실히 인정되는 상황이었다. 법무법인 동광 24시 성범죄 케어센터는 의뢰인이 피해자에게 용서를 구하고 합의를 하는데 조력했으며, 초범인 의뢰인이 진심으로 반성하고 있는 점 등 정상 관계를 적극 주장하고 변호한 결과 보호관찰소에서 성폭력 예방 교육을 이수하는 조건으로 기소유예 처분을 받을 수 있었다."라고 밝혔다.

한편 "강제추행의 성립 범위가 폭넓은 가운데, 미필적 고의만으로도 충분히 범죄가 성립될 수 있는 요건이다. 특히, 주거침입강제추행은 더욱 큰 성범죄로 나아갈 가능성이 높기에 단순 성추행과는 또 다른 중형에 처해질 가능성도 높다." 라고 덧붙였다.

■ 민경철 대표변호사
서울 성보고등학교 졸업
서울대학교 경영학과 졸업
미국 노스캐롤라이나 주립대학(UNC)
　방문학자 과정 수료
제41회 사법시험 합격
사법연수원 수료(제31기)
대한변호사협회 등록 형사법 전문 변호사
경찰 수사연수원 발전자문위원회
인천 해양경찰서 시민인권보호단 위원
　(성폭력전담)
서울 강동경찰서 성·가정폭력 전담 자문변호사
검찰총장 표창 2회, 대구고검장 표창 등 표창 수
　상 외 다수
前) 수원지방검찰청 검사
前) 광주지방검찰청 검사
前) 대전지검 홍성지청 검사
前) 인천지방검찰청 검사
前) 서울북부지방검찰청 검사
前) 대구지방검찰청 검사
前) 수원지검 안양지청 검사
現) 충청남도경찰청 경찰수사 심의위원
現) 법무법인 동광 대표변호사

■ 이형철 대표변호사
부산 해운대고등학교 졸업
서울대학교 법과대학 졸업 (학사)
서울시립대학교 세무전문대학원 졸업 (석사)
영국 캠브리지대학교 방문학자 과정 수료
제31회 사법시험 합격
사법연수원 수료(제 21기)
법무부 통일법무지원단 위원
법제처 용역결과 평가위원
대한변호사협회 검사평가특별위원회 위원
前) 검사 (서울중앙지검 등)
前) 부장검사 (서울북부·서부·남부지검, 부
　산·울산·광주지검)
前) 법무법인 로고스 파트너 변호사, 형사팀장,
　남북경협팀장
現) 법무법인 동광 대표변호사

■ 박지현 변호사
충남대학교 법학전문대학원 졸업
대한변호사협회 등록 형사법 전문 변호사

■ 김기석 변호사
명덕외국어고등학교 졸업
서강대학교 법학과 졸업
서울지방식품의약품안정청 성희롱·성폭력 고충
　심의위원회 위원

■ 김효빈 변호사
중앙대학교 역사학과 졸업
서울시 공익변호사
서울마포초등학교 성희롱·성폭력/교원보호위원
　회 심의위원

■ 류하선 변호사
고려대학교 가정교육과 졸업
한양대학교 법학전문대학원 졸업

■ 김창주 변호사
고려대학교 법학과 졸업
경북대학교 법학전문대학원 졸업

■ 곽우영 변호사
전북대학교 법학전문대학원 졸업
대한변호사협회 신탁변호사회 회원

■ 황동우 변호사
광운대학교 법학과 졸업
전북대학교 법학전문대학원 졸업

■ 최지우 변호사
서울대학교 행정대학원 석사 졸업
이화여자대학교 법학전문대학원 졸업

24시 성범죄 케어센터 – 실전편 – 자신을 지키는 방법

초판발행	2023년 6월 30일
중판발행	2023년 7월 20일

지은이	민경철·이형철·박지현·김기석·김효빈·류하선·김창주·곽우영·황동우·최지우
펴낸이	안종만·안상준

편 집	이영조
기획/마케팅	정성혁
표지디자인	BEN STORY
제 작	고철민·조영환

펴낸곳	㈜ **박영시**
	서울특별시 금천구 가산디지털2로 53, 210호(가산동, 한라시그마밸리)
	등록 1959.3.11. 제300-1959-1호(倫)
전 화	02)733-6771
f a x	02)736-4818
e-mail	pys@pybook.co.kr
homepage	www.pybook.co.kr
ISBN	979-11-303-4447-8 93360

정 가 12,000원